EL SECTOR INMOBILIARIO COMERCIAL Y LA GESTIÓN DE LOS NEGOCIOS

PARA PRINCIPIANTES Y EXPERTOS

ESTRATEGIAS DE EMPRESA Y DISEÑO DE LOS ESPACIOS
PARA LOGRAR MAS RENTABILIDAD EN TUS COMERCIOS

LUCAS V

EL SECTOR INMOBILIARIO COMERCIAL
PARA NOVATOS

Contenido

EL MEJOR PROFESIONAL PARA INVERSIONES

EL SECTOR INMOBILIARIO COMERCIAL

PARA NOVATOS

Invertir en inmuebles comerciales
a pesar de la "caída económica"
del mercado inmobiliario

Lucas V.

9

Introducción

Bienes raíces: todo el mundo habla de ello. Parece que todos conocemos a alguien que conoce a alguien que se ha vuelto muy exitoso gracias a ello. Desafortunadamente, debido a lo rentable que puede ser, la gente a menudo lo clasifica como uno de esos negocios para gente rica en lugar de lo que realmente es: uno de esos negocios que hacen a la gente rica. Si ha decidido aventurarse en el mundo de los bienes raíces, tome asiento. Gracias a este libro, a la dedicación y a tu fuerza de voluntad, te harás un buen lugar en el mundo de los bienes raíces. Esto es lo mejor de los bienes raíces; hay suficiente espacio para todos los que estén interesados.

Antes de que puedas hacer algo efectivo en este mundo, tienes que entenderlo completamente. Los bienes raíces no favorecen a los hombres de negocios impulsivos o a las personas que no tienen un conocimiento suficiente. Antes de hacer algo, debes estudiar.

¿Qué son los bienes raíces comerciales?

Los bienes raíces simplemente tratan con la posesión de tierras y edificios. Cuando se utiliza la palabra "comercial", suele haber un poco de confusión. La gente pregunta: "¿No son todos los bienes raíces comerciales? ¿No están siempre involucrados los negocios? ¿No es el objetivo hacer dinero?". Estas preguntas son válidas pero, sin embargo, la explicación es simple. En el sector inmobiliario, los edificios y las tierras se alquilan, venden, compran y alquilan. La transacción comercial puede ser entre el vendedor (que se llama agente inmobiliario) y los individuos o entre el agente inmobiliario y las organizaciones comerciales. Cuando se trata de individuos, puede haber varias razones para la venta. Sin embargo, si es entre agentes inmobiliarios y organizaciones empresariales, estamos hablando de comprar, alquilar o arrendar un espacio de trabajo. Los bienes raíces comerciales se refieren a los tratos comerciales relativos a propiedades que están destinadas a fines comerciales. Cuando se mencionan los bienes inmuebles comerciales, es necesario saber que la propiedad en cuestión no es para uso personal. Cuando se trata de espacios de vida, se conoce como bienes raíces residenciales.

Al igual que los inmuebles residenciales, los inmuebles comerciales se dividen en cuatro categorías. Estas categorías son:

1. **Oficina**: Esto se refiere a los edificios que se utilizarán como oficina de cualquier tipo.

2. **Multifamiliar:** Las casas multifamiliares son casas que permiten que más de una persona viva allí para que el cobro de la renta se convierta en un negocio en sí mismo.

3. **Venta al por menor**: Esto se refiere a los edificios que fueron construidos y diseñados con fines de venta al por menor. Estos incluyen supermercados, tiendas y otros negocios minoristas.

4. **Industrial**: estos espacios se refieren a los edificios utilizados para producir bienes.

El edificio industrial se divide a su vez en tres clases:

- **Clase A**: Esta clase se refiere a los edificios que se basan en la edad o la calidad y que tienen un cierto valor estético. Estos edificios son muy valorados y muy competitivos. Son los que tienen buena ubicación y otras cualidades que los hacen atractivos.

- **Clase B**: Los edificios de clase B son edificios antiguos que no atraen a tanta gente y por lo tanto no son tan competitivos como los de clase A debido a los precios que tienen. Hay menos competencia en lo que respecta a los precios. Estos edificios suelen estar marcados para ser restaurados.

- **Clase C**: Los edificios que caen en esta categoría son generalmente viejos. En promedio, tienen más de veinte años de edad. Debido a su edad, requieren mantenimiento. También se encuentran en zonas que no son atractivas.

Es muy importante familiarizarse con estos términos y clases.

Capítulo 1:

Lo que debe saber sobre los bienes raíces comerciales

Necesitas saber que los bienes raíces son más que sólo ser un propietario. La mayoría de la gente no tiene la idea correcta. Pensamos en los problemas y tensiones que le damos a nuestros propietarios y asumimos que esa es la definición de invertir en bienes raíces. Los bienes raíces no son para todos, de acuerdo. Sin embargo, antes de decidir que es lo que quieres hacer, debes saber qué es y qué esperar. Disuadirse por el miedo a lo desconocido es una de las formas más seguras de no obtener beneficios o tener éxito.

Cuando se invierte en bienes raíces comerciales, se abre la posibilidad de obtener mayores rendimientos. Cuando tienes un edificio en una zona, el beneficio que obtendrás de él depende de cuánto tráfico recibe esa zona. Piensa en ti como un hombre de negocios que está tratando de sacar su negocio allí. Usted decide alquilar un lugar y tiene dos opciones. La primera es en un área con una alta población. Esa área tiene mucha gente que pasa por ella. En la segunda área, la vida es más lenta y reservada y la población no es tan buena como la anterior. ¿Cuál de esas dos opciones elegirías? Normalmente, elegiría la primera opción ya que hay más posibilidades de que la gente pueda descubrir su negocio. Por lo tanto, aunque el precio de ese edificio sea más alto, le parecería justo y no le importaría pagar por ello. Esta es una de las razones por las que los precios varían y difieren.

Si tienes una propiedad en venta en una zona estudiantil y una pizzería quiere comprarla, deberías saber lo que tu edificio puede ofrecerles. Los inquilinos residenciales están menos obligados a esto.

Otra ventaja de entrar en la escena de los bienes raíces en el ámbito comercial es que generalmente es más fácil para usted como persona. Un inquilino que vive en una residencia puede elegir ignorar los pequeños defectos. Si pueden vivir con ellos, los ignorarán aunque sólo empeoren. Sin embargo, la mayoría de los negocios preferirían arreglar incluso los defectos más pequeños para dar a su edificio una mejor imagen. También hay varias mejoras que los propietarios de negocios llevarían a cabo en la propiedad. Por ejemplo, su inquilino decide mejorar el sistema de cableado para mejorar su negocio. Cuando se vaya, no se llevará el cableado con él. El valor de su propiedad entonces aumentaría.

Generalmente, es aún más fácil alquilar a los negocios. Tome el cobro de los alquileres como ejemplo. Normalmente, la mayoría de los negocios pagan sus alquileres a tiempo. Ese pago suele ser presupuestado y considerado primero. No querrán arriesgarse a perder el edificio. Sin embargo, en el caso de los inmuebles residenciales, es muy común encontrar resistencia a la hora de cobrar los alquileres. Es más fácil para una persona huir para evitar las rentas que para una empresa.

¿Cómo funciona la inversión en bienes raíces comerciales?

La lógica detrás de los bienes raíces comerciales es muy fácil de entender. Cada espacio de oficina o edificio comercial es un producto de bienes raíces comerciales. Hay más de una manera de hacer dinero con ello. Cuando se habla de bienes raíces comerciales, mucha gente deja de pensar en los alquileres, y eso es todo. Eso significa tener una mente cerrada. Es cierto que para dedicarse a los bienes raíces comerciales se necesitan más fondos, pero eso también tiene toda una plétora de ventajas. Dado que el objetivo de los inmuebles comerciales es ayudar a obtener beneficios y no proporcionar un lugar para descansar la cabeza, los clientes involucrados suelen ser objetivos por lo que pueden ganar de su ubicación. Descubrir eso te da una ventaja. Ningún buen hombre de negocios decidirá alquilar un espacio para su negocio sin saber muy bien lo que puede ganar con él.

Los riesgos de los inmuebles comerciales pueden ser muy atractivos si uno juega bien sus cartas. También es una de las formas más fáciles de tener una cartera diversificada. Los bienes raíces comerciales no son una calle de un solo sentido. Hay varias maneras de obtener beneficios. Estas son formas que no están disponibles cuando se invierte en bienes raíces residenciales.

¿Qué tan rentable es el mercadeo de bienes raíces?

No hace falta decir que los bienes raíces son tal vez uno de los negocios más rentables en los que uno puede entrar. Generalmente, los inversionistas de bienes raíces reportan varios niveles y cantidades de ganancias en sus inversiones. El monto de la ganancia que se obtiene en realidad depende del tipo de inversión que se realiza. Por ejemplo, el retorno promedio de la inversión asociada con bienes raíces residenciales se fija en un promedio de 10.6% anual. Por otro lado, las propiedades comerciales producen ganancias algo más altas. El promedio es del 12%, lo que lo eleva un poco más que los bienes raíces residenciales. Sin embargo, esto realmente depende de lo que haces y de cómo lo haces.

Los bienes raíces comerciales como un ingreso pasivo

Un ingreso pasivo es una forma de ganar dinero que no depende de cuánto tiempo pases trabajando. A menudo, encontramos que no nos pagan por nuestras habilidades sino por nuestro tiempo. Sin embargo, hay tanto tiempo en un día y fuera de esas horas disponibles, hay un máximo que podemos usar. Un ingreso pasivo no depende de esas horas que pasas trabajando. Por supuesto, en la etapa inicial, tu tiempo sería muy necesario para ponerlo en marcha. Sin embargo, una vez que ya no seas un novato, los siguientes pasos dependerán de lo bien que lo hayas hecho en las etapas iniciales. El tiempo comenzará entonces a trabajar para usted y no al revés.

Los bienes raíces, en particular los comerciales, son una muy buena manera de ganarse la vida pasivamente. La construcción de ingresos pasivos se está volviendo cada vez más importante con el paso de los años. Los trabajos ya no son sólidos y, si quieres ser objetivo, tener una opción secundaria es algo inteligente. Por un lado, un ingreso pasivo puede realmente financiar tu plan de retiro. Puedes concentrarte en tu plan de ingresos activos mientras que tus ingresos pasivos planean la vida que tendrás después de eso. Su ingreso pasivo puede ayudarle a ahorrar dinero, aumentar su fortaleza financiera, hacer crecer sus ahorros, o incluso puede decidir enfrentarlo directamente y deshacerse de sus fuentes de ingreso activo.

Si quieres deshacerte de tus ingresos activos, tendrás que diversificar. Esto significa que probablemente necesitarás tener más de una fuente de ingresos pasivos. De esta manera, no correrás ningún riesgo, que es el objetivo de tener un ingreso pasivo. Tener múltiples fuentes de ingresos también tiene algunos beneficios cuando se trata de impuestos. Normalmente, pagamos impuestos sobre los ingresos ordinarios, los ingresos de inversión o de cartera, y los ingresos pasivos. El dinero obtenido de los bienes raíces definitivamente se clasificaría como inversión o ingreso de cartera. Este tipo de ingreso no tiene tantos impuestos, lo cual es sorprendente, considerando lo que se puede hacer con él.

Hay cuatro estrategias que debes conocer para obtener un ingreso pasivo de los bienes raíces comerciales.

Financiamiento

El financiamiento de bienes raíces es una nueva forma que los inversionistas de bienes raíces están usando para hacer dinero. Si estás acreditado como inversor, puedes participar en la financiación de una propiedad inmobiliaria. Puedes tomar un lugar como uno de varios inversionistas que se unirán para contribuir con el fin de permitir que un tercero compre e incluso controle y administre una propiedad de inversión. El producto de dicha inversión variará según la propiedad comprada y la cantidad aportada. Esto se reduce a la estructura organizada para compartir los beneficios. Se puede pagar mensualmente, trimestralmente, semestralmente o anualmente. El éxito del financiamiento depende de quien sea el inversionista, y por eso debes considerarlo con mucho cuidado.

Propiedad en alquiler

Esta es una forma obvia que todo el mundo conoce. La mayoría de la gente tiene un conocimiento de los bienes raíces que se limita a las propiedades de alquiler. Hay muchas maneras de alquilar propiedades comerciales. La idea general es alquilar una propiedad a un negocio u organización que le pague el alquiler. Cualquier renta que ese inquilino te pague debe ser definitivamente mayor que la cantidad que gastaste en el edificio. Si cada mes le pagan $1,300 y se da cuenta de que paga $300 por mes en gastos, significa que en realidad está ganando $1000 por mes. La mayoría de la gente tiene responsables que se encargan de las obligaciones que el alquiler presenta. Por lo general es mejor delegar todo lo que puedas,   mientras sigues obteniendo beneficios. De esa manera, no te atascas y bloqueas otras posibles corrientes.

Dividendos del REIT

REIT significa Fideicomiso de Inversión en Bienes Raíces. REIT se refiere a las empresas que se comercializan pública o privadamente. Estas empresas reúnen dinero de los inversores para comprar y administrar múltiples propiedades comerciales de bienes raíces. Luego, pagan al menos el 90% de los ingresos que son objeto de impuestos a los accionistas. De esta manera, el retorno de los dividendos es mayor que la mayoría de las otras acciones.

El costo de esto es bastante bajo ya que otros inversionistas también están involucrados en esto. Los rendimientos que proporcionan valen mucho la pena. Los ingresos de esto no son gravados como un ingreso pasivo. Más bien, se gravan como ingresos de cartera.

Realizando notas de hipoteca

La mayoría de la gente nunca ha oído hablar de lo que significa realizar un pagaré hipotecario. Se puede obtener un ingreso comprando o creando un pagaré hipotecario. Es bastante avanzada, un poco complicada y por lo tanto no tan popular. Aunque un bajo número de personas se involucran en ella, los que lo hacen juran por ella.

Los pagarés y las hipotecas tienen significados y deberes similares, aunque son dos documentos diferentes. A un comprador se le presta dinero para comprar un inmueble y se le da el pagaré y la hipoteca como documentos o contratos. Es en el pagaré donde se describe el calendario de pagos. La deuda será pagada en un método acordado y la nota tendrá los detalles de la misma. La hipoteca, por otro lado, es una forma de garantía que se da al prestamista en caso de que el prestatario/comprador no cumpla con los términos acordados en el pagaré.

En un momento determinado, cada mes, el prestatario o comprador paga al prestamista un pago de capital e intereses. El prestatario es el que mantendrá la propiedad y pagará todos los impuestos, así como el seguro, mientras que el prestamista sólo cobra sus pagos a su vencimiento y mantiene los registros.

El método más común y fácil de ganar dinero a través de los bienes raíces es el alquiler y el arrendamiento, por lo que debe prestarle mucha atención. Toda la esencia de comprometerse en bienes raíces es hacer dinero de manera pasiva para darte una opción a la que recurrir.

¿Por qué invertir en bienes raíces comerciales?

Los bienes raíces comerciales no son la única forma de obtener un ingreso pasivo. Parece que requiere mucho, así que mucha gente se pregunta por qué exactamente deberían probarlo. Aquí hay algunas razones principales por las que deberías invertir en bienes raíces:

Diversificación

Mucha gente trata de diversificarse porque no quieren poner todos los huevos en una sola cesta. Esto no sólo es inteligente; también es muy importante. Hay varias maneras de diversificar. Uno puede diversificar a través de acciones, bonos y otros métodos. ¿Por qué bienes raíces? Bueno, los bienes raíces tienen varios patrones de comportamiento que no se encuentran en otros ingresos pasivos. Por un lado, una caída en el precio de las acciones no afecta el hecho de que la gente aún necesite negocios. Mientras un negocio va a la quiebra, otro se pone en marcha. A medida que se crean más puestos de trabajo, se necesitan más espacios de oficina. Es una de las formas más seguras de diversificar. También es uno de los ingresos pasivos que requieren menos presencia.

Mejora del flujo de caja

Los bienes raíces comerciales no son sólo el presente. Si se toman grandes decisiones, uno sabría definitivamente que la posibilidad de apreciación en el futuro es grande. Si se cobran alquileres, se sabe que los alquileres son un gran porcentaje de lo que se gana. Una vez que el alquiler se fija, no bajará excepto en el caso de que el inquilino se mude, y si se encuentra en una zona caliente, incluso habrá competencia por ello. Los ingresos serán regulares y tener un ingreso regular permite que la planificación y el presupuesto se amplíen y crezcan.

Menor Volatilidad.

La volatilidad se refiere a la medición de la incertidumbre sobre el precio de un instrumento financiero. Los precios de las acciones y de los bonos están sujetos a una alta volatilidad. A diferencia de cualquier otro tipo de bienes raíces, los bienes raíces comerciales suelen implicar acuerdos a largo plazo. Por lo general, firman un acuerdo de 3 a 5 años. El hecho de que sea más largo reduce la volatilidad en gran medida. Algunos contratos de arrendamiento incluso se extienden a períodos de tiempo más largos. Por cualquier período que se firme un contrato de arrendamiento, se tiene una gran seguridad de recibir una determinada suma de dinero durante un tiempo bastante largo. El hecho de que los bienes inmuebles se negocien públicamente reduce aún más la volatilidad. Tener una sensación de seguridad añadida a sus instrumentos financieros le ayuda a uno a planificar con antelación y a tomar decisiones basadas en una previsión acreditada.

Los activos físicos

A diferencia de otras herramientas financieras, los activos duros son más sólidos. Si sigues los precios de las acciones, te das cuenta de que el valor que se les da está determinado por la demanda y la oferta. Esto significa que las noticias o los eventos pueden hundir una acción que iba muy bien. No son físicos, y esto significa que pueden perder su valor en un abrir y cerrar de ojos. Esto significa que el valor intrínseco de los bienes raíces está profundamente arraigado tanto en el edificio como en el terreno. Eso no puede desaparecer. Claro que puede devaluarse, pero el ritmo y el riesgo de que eso ocurra puede evitarse y reducirse. Es más difícil equivocarse en los bienes raíces que en las acciones. Una vez que le tomas el truco a los bienes raíces, estás obligado a cometer menos errores. Los activos duros pueden ser renovados para aumentar su valor. Una caída de los precios nunca es tan repentina como en las acciones.

Posibles beneficios fiscales

En el caso de varios eventos, hay varios beneficios fiscales que se pueden reclamar. Eventos como los gastos de intereses, la depreciación y varias otras cosas atraen esas deducciones de impuestos.

Tomemos, por ejemplo, el hecho de que el IRS permite a los inversores de bienes raíces comerciales reducir una parte del valor depreciado de una propiedad. Esto es en un intento de ayudar a contabilizar los gastos de mantenimiento y conservación. Hay varias leyes de impuestos que permiten una deducción en los impuestos.

La presencia del seguro

Debido a la naturaleza de las acciones y los bonos, casi nunca es posible estar completamente protegido por un seguro. En el mejor de los casos, se puede cubrir. La cobertura es un método utilizado para protegerse, no bloquea al inversor de los pasos negativos. Más bien, proporciona un plan B si eso ocurre. De la explicación, es obvio que no significa estar completamente protegido. El seguro, por otro lado, es diferente. Si ocurre un desastre natural o cualquier otro tipo de accidente, su seguro puede pagarlo. La presencia de un seguro hace que las posibilidades de riesgo sean aún menores para el inversor.

Por supuesto, la principal razón por la que debe invertir en bienes raíces comerciales es que es una forma muy pasiva de hacer dinero. Si usted ha estado deseando un escape de su ciclo financiero ordinario, esta podría ser la respuesta para usted. Afortunadamente, gracias a la forma en que está establecido, puedes contratar la mayoría del trabajo requerido y aún así obtener beneficios. La gente siempre querrá empezar un negocio. Siempre habrá nuevas ideas que aún están por realizarse. Los edificios comerciales siempre estarán necesitados, y cuando entres en un negocio que implique el suministro de algo que se necesitará para siempre, sabes que vas por el buen camino.

Los bienes raíces comerciales ofrecen una libertad financiera que muchos anhelan. A partir de ella, se han construido imperios. El hecho de que da un poco de seguridad de un futuro rentable lo convierte en un pastel caliente. Por supuesto, uno tiene que hacer un gran esfuerzo en la etapa inicial. Pero cuando se pone la cantidad adecuada de capital, el éxito está garantizado.

Históricamente, los bienes raíces han funcionado muy bien a lo largo de los años. Ha mostrado un gran rendimiento y ha demostrado ser una buena inversión. Ha superado tanto a las acciones como a los bonos, lo cual no es una sorpresa. El crecimiento que ha mostrado ha sido constante y muy estable. Por supuesto, esto no significa que sea inmune a los cambios y que no pueda ser afectada por bajas generales como la inflación. Sólo significa que ha demostrado ser capaz de recibir un golpe mucho mejor. No se prevé que el crecimiento que experimenta se detenga pronto. De hecho, se predice que mejorará en los próximos años.

¿Por qué fracasan algunos negocios inmobiliarios?

Por lo que hemos discutido hasta ahora, el mundo de los bienes raíces comerciales podría parecer como el arco iris y el sol. Puede sonar como si fuera imposible fracasar. Parece sencillo con muchos métodos de precaución. Incluso puede pensar que el fracaso es raro o imposible. Es hora de dejar de pensar en eso. Mucha gente fracasa en el sector inmobiliario. Claro, la parte introductoria suena fácil y divertida. Sin embargo, a medida que profundicemos, se notará por qué es tan fácil que mucha gente fracase. Pero ahora puedes ver el fracaso de otros para saber las cosas que no debes hacer. En este capítulo, veremos algunas de las razones más comunes por las que la gente fracasa en el sector inmobiliario:

No tienen la mentalidad adecuada

Hay varias razones por las que los inversores inmobiliarios fracasan. Sin embargo, una de las razones más comunes es la forma en que piensan. La actitud que tienen hacia una cosa afectará en gran medida su rendimiento. Muchos inversores inmobiliarios no tienen la suficiente confianza para tomar decisiones. A veces, tomamos buenas decisiones, pero terminamos cuestionándonos tanto que cambiamos de opinión cuando no deberíamos. Cuando alguien comienza el viaje de los bienes raíces, suele ser optimista. Por supuesto, sabe que se encontrará con algunos problemas, pero cuando los problemas llegan, normalmente no es en el área donde lo esperaba. A veces, los problemas a los que se enfrenta causan pérdidas, y por eso empieza a perder la confianza en sí mismo. El pesimismo interviene y cuando eso sucede, se acaba el juego. Cuando un inversor duda de sí mismo, deja de invertir tanto porque, consciente o inconscientemente, siente que no puede tener éxito y alcanzar lo que desea.

Mal trabajo en los listados

Muchos agentes inmobiliarios no se toman el tiempo de crear listados atractivos. Su listado puede afectar en gran medida el éxito de su negocio. Por supuesto, hay algunos edificios en áreas que no necesitan listados. Esto se debe a que son tan populares que en el momento en que se desocupan, nuevos inquilinos hacen fila. Idealmente, ese es el tipo de propiedad que todo inversionista de bienes raíces quiere pero, en realidad, no siempre lo conseguimos. Es su listado el que hará que su edificio disponible se vea tan atractivo como sea posible. Piense en su anuncio como la primera manera de atraer a los compradores. En su anuncio, la información debe ser presentada de forma precisa y atractiva. Un anuncio no es un lugar para exagerar la perfección del lugar. Más bien, es una oportunidad para resaltar los lados buenos de una manera muy realista. Si no canaliza todo lo que tiene en sus listados, su propiedad permanecerá en el mercado por mucho más tiempo del que debería y eso contribuiría a la caída de su negocio. Tómese el tiempo necesario para crear el listado perfecto. Creo firmemente que si supera con éxito su primer año, sobresaldrá. El primer año es el más difícil. Es un tiempo de errores, de aprendizaje, e incluso de más errores. Sin embargo, si uno comete demasiados errores, es comprensible que quiera darse por vencido. Es por eso que todos deben trabajar muy duro durante el primer año.

Subestiman el trabajo duro

Por supuesto, es importante tener la mentalidad correcta. Desde luego, el conocimiento y las herramientas que usted tiene también son importantes. Pero incluso con todas estas cosas, es posible que apenas puedas escalar a través de ellas. Sin un trabajo duro, no tienes ninguna posibilidad de tener éxito. Un ingreso pasivo requiere que pongas una muy buena base para cosechar beneficios. Cuando se entra en un negocio nuevo, el trabajo duro es tan importante como los conocimientos. Muchos de los nuevos inversores en bienes raíces no trabajan lo suficientemente duro. Canalizan su energía en otras cosas. Como dije, en el primer año, el trabajo duro es extremadamente importante. Los inversores inmobiliarios exitosos han invertido horas de su tiempo en ello antes de descansar para ver madurar sus frutos. Mientras lo preparan, deben poner todo en ello y saber que en un tiempo, lo disfrutarán. Cuando se empieza, las horas pueden ser duras, pero ayuda cuando recordamos que es sólo el comienzo. Habla con un exitoso inversor inmobiliario que conozcas. Pregúntale cuántas horas ha dedicado a preparar las cosas y te darás cuenta de que para obtener un ingreso pasivo, el trabajo duro debe haber sido sembrado.

No comprenden completamente lo que es la propiedad inmobiliaria

La triste realidad es que como se asocia a menudo con gente rica y poderosa, muchos tienen suposiciones erróneas sobre ello. Estas personas ricas y poderosas suelen tener en sus manos muchos ingresos pasivos, y asumimos que simplemente se sientan y se relajan mientras se hace dinero. Eso nos hace pensar que si también entramos en el negocio, sería así de fácil hacer dinero. ¿Pueden los bienes raíces hacer mucho dinero? Sí! ¿Es fácil? ¡No! Deberías saber qué es exactamente lo que puedes hacer y qué necesitarás para lograrlo. Los bienes raíces son un negocio y no una avenida de duplicación de dinero. Las vidas o historias sofisticadas que ves sólo cubren una parte del negocio principal. No esperes disfrutarlo inmediatamente. Hay muchas ventajas cuando se invierte en bienes raíces. Piense en cómo puede hacer un futuro más brillante para usted y cómo puede darle un poco de seguridad financiera. Entre por las razones correctas y no tendrá problemas.

Esperan ganancias de inmediato

El hecho de que el dinero entre de inmediato no significa que los beneficios entren. Imagina que gastas un total de 100 dólares en adquirir una propiedad y prepararla para el alquiler. Digamos que su primer inquilino paga 10 dólares cada mes. El hecho es que mensualmente, una porción de dinero entra. Sin embargo, eso no es todavía una ganancia. La mayoría de la gente no considera esto. Otra cosa es que incluso cuando tienes una propiedad en tierra lista para ser alquilada, puede tomar bastante tiempo antes de que uno consiga inquilinos. Ese período de espera y búsqueda puede ser bastante desalentador, especialmente si eres un novato. Si usted entra en una propiedad inmobiliaria esperando a que le den dinero en efectivo de inmediato, la realidad lo decepcionará. Sin embargo, para aquellos que son lo suficientemente diligentes como para esperar pacientemente hasta que su negocio se construya, experimentarán el lado grande y rosado de los bienes raíces comerciales.

Se asocian con la gente equivocada

El problema de asociarse con la gente equivocada es que tener un mal miembro en el equipo puede arruinar todo lo que has construido. Como inversionista de bienes raíces comerciales, tendrás que asociarte y hacer contactos con varias personas que ayudarán a que tu negocio crezca. Los agentes de bienes raíces, por ejemplo, son algunas de esas personas. Sin embargo, tal y como uno esperaría, hay buenos y malos. Si tu equipo está lleno de personas que simplemente buscan su propio beneficio personal, descubrirás que destruirán tu sueño en lugar de ayudarte a construirlo. Quienquiera que se asocie con usted debe tener un objetivo similar y debe entender sus necesidades. No debes asociarte con gente que no te lleve consigo. A medida que crezcas, conocerás a otros inversionistas de bienes raíces comerciales que estarán tan involucrados en tu objetivo como tú. Esas son las personas con las que debes relacionarte.

Cobertura de la seguridad

Cuando piensas en un cercado, ¿qué te viene a la mente? ¿Una protección de algún tipo? Si esa fue tu respuesta, tienes razón. La cobertura tiene que ver con la protección de las carteras de los inversores. Piensa en ello como un seguro para el inversor aunque funcione a su manera.

Cuando la gente se involucra en la práctica de la cobertura, se está protegiendo contra acontecimientos negativos imprevistos. Esto es como lo que le haces a un coche o a una casa. No puedes predecir el futuro y no quieres que le pase nada negativo a tu cartera y por eso la cubres. Al igual que en los seguros, no te protege de todo, pero es mucho mejor que nada.

¿Qué es la protección?

La garantía protege a los propietarios y administradores de las carteras, a los inversores e incluso a las empresas. Cuando se realiza una cobertura, se utiliza de forma estratégica el instrumento financiero para compensar los riesgos en el caso de que el precio se mueva de la forma en que no se había previsto.

Esto significa que literalmente estás tomando una posición que te apoyará si el resultado real es el opuesto a lo que predijiste. La cobertura se paga comprando una opción de venta que te protegerá o te protegerá si se produce un gran movimiento negativo.

La garantía es mucho más precisa que el seguro. Sin embargo, como la protección no es perfecta, es difícil tener una libre de errores. Dado que los riesgos son comunes y no deben ser pasados por alto, los inversores deben hacer todo lo posible para protegerse. La garantía hace que esa oportunidad esté disponible.

La gestión del riesgo es una parte importante de cualquier negocio. Hay muchos consejos que los inversores le darán para ayudarle a tomar mejores decisiones cuando se trata de protegerse contra el riesgo. Aquí están algunas de las mejores decisiones que te ayudarán a reducir tus riesgos.

Consejos para el manejo de riesgos:

Considere la relación recompensa/riesgo

Cuando realice el análisis y detecte una señal de entrada, incluso antes de realizar un pedido, piense en dónde quiere obtener beneficios y dónde pretende realizar su orden de detención de pérdidas. Como hemos dicho antes, comprométase con su interfaz y no sólo en su cabeza. Luego mida la recompensa y la proporción de riesgo.

Además, tenga en cuenta cuánto podría colocar en la operación con el 1 o 2% máximo en mente. A menudo, te darás cuenta de que no vale la pena. El riesgo nunca debe ser mayor que la recompensa, si no se ve bien para ti, pásalo por alto. No vayas a buscar maneras de poner más. Siempre hay mejores oficios. Una cosa que mucha gente hace es pensar en cuánto quiere poner y cuánto quiere sacar. Entonces, encuentran un comercio y tratan de colocar en las órdenes de detención de pérdidas y ganancias que se ajusten a lo que quieren. Pero esto no funciona de esa manera; el comercio dicta. No se le dicta al comercio.

Evitar los altos fijos que no tienen en cuenta la volatilidad

Mucha gente sugiere que los comerciantes hagan uso de los topes fijos para su limitación de pérdidas, pero esto no es aconsejable. Piense en ello como alguien que intenta ganar dinero rápido; es peligroso. No quieres aumentar los riesgos en una empresa que ya es arriesgada. Es más arriesgado porque el impulso no es constante, y tampoco lo es la volatilidad. Esto significa que algunos precios experimentarán fluctuaciones. Si el precio no fluctuara, entonces el mercado de valores sería muy predecible. Cuando notes una mayor volatilidad, establece tu límite de pérdida y tu ganancia en consecuencia. Deberían ser más amplias para evitar pérdidas y ganancias inmaduras. Cuando la volatilidad es baja, asegúrate de fijarlos también en consecuencia.

Tratar de mantenerse alejado de las paradas de emergencia

Cuando creas una operación sin riesgo moviendo tu parada de pérdida muy cerca del punto de entrada, te estás enjaulando. Sus ganancias podrían sufrir muchísimo, no te preocupes por tu seguridad. Estos son errores que no cometerás si analizas las cosas correctamente. Especialmente como un agente de bolsa, debe darse el tiempo necesario para arriesgarse. Los precios fluctúan; suben y bajan. Un límite de pérdida es bueno, pero no lo coloque muy cerca de su ingreso.

Compare su tasa de ganancias

Sí, como algunos dicen, una tasa de ganancia es inútil. Los que lo dicen tienen razón, pero una tasa de ganancia sólo es inútil si se considera exclusivamente. El punto es que una tasa de ganancia no es inútil; no se debe considerar individualmente. Si un comerciante ignora una tasa de ganancia, está ignorando algo que puede proporcionar una visión muy valiosa. Su tasa de ganancia debe ser muy alta o tendrá que aferrarse a las operaciones por un tiempo. Si tienes una tasa de ganancia del 40%, puedes retirarte si tu beneficio: el riesgo es mayor que 1.6. Gracias a estas estadísticas, es más probable que operes de manera rentable.

Incluso si intentas conseguir una tasa de ganancia muy alta o si haces operaciones por un tiempo, nunca serán una garantía.

Utilizar objetivos semanales

Como comerciante de divisas, no deberías medir tu rendimiento por día; te mantiene limitado de perspectiva. Para ser capaz de analizar adecuadamente tu rendimiento, necesitas considerarlo a largo plazo. También podría crearte mucha presión. Date el tiempo de una semana, no un día. A escala diaria, trata de negociar tan bien como puedas. Pon todo lo que puedas en cada operación. A escala semanal, sigue tus reglas. Trabaja en tu disciplina. Mensualmente o cada dos meses, asegúrate de seguir una rutina profesional. Ahora, puede revisar los errores que ha cometido y proponer nuevas lecciones y reglas para asegurarse de que nunca más cometerá esos errores.

Haga uso del múltiplo R

El múltiplo R se utiliza para medir su rendimiento. Muestra los resultados de tus operaciones. Puedes considerar el Múltiplo R así como la relación recompensa:riesgo. El ratio recompensa:riesgo es la medida que compara tu recompensa y tu riesgo. Cuando consideras esto, te da una visión realista de lo que estás haciendo. El comercio no es un lugar para el optimismo extremo. Si eres optimista, tienes que haber hecho algo para respaldarlo. Si comparas el Múltiple-R con tu recompensa:riesgo, tendrás nuevas percepciones y podrás buscar lo que causó las diferencias.

Preste atención a la gestión de riesgos

En este libro, hemos hablado de varias maneras de manejar los riesgos. Detener la pérdida, tomar beneficios, diversificar, el etc. A su manera, cada una de ellas es muy importante. Uno no debe darlos por sentado. Pueden parecer engorrosos, pero es mucho mejor dejar que te agobien ahora que tener que enfrentarte a varias pérdidas. Incluso los mejores comerciantes cometen errores. Esto no significa que no sean profesionales. Sólo muestra la inestabilidad del mercado.

1. Lleve un registro de todas sus finanzas

Es simple; sólo tienes que llevar un registro de tus ingresos totales y alistar todos tus gastos. Te permitirá tener una idea de cuánto dinero puedes invertir.

Sin embargo, no asuma que no podrá invertir si sólo tiene una pequeña cantidad de efectivo disponible. Puede obtener fácilmente un préstamo si tiene un trabajo estable, un ingreso regular y un sólido historial de empleo.

2. Obtener una pre-aprobación

Puede obtener una pre-aprobación a través de un corredor hipotecario de confianza y con experiencia o un prestamista. Sin embargo, si tiene alguna duda sobre su capacidad financiera para invertir, debe consultar a un corredor antes de solicitar la pre-aprobación.

3. Asegúrese de sus objetivos

Los objetivos son diferentes de un inversor inmobiliario a otro; así que, establezca sus objetivos junto con una fecha límite realista. Un error común que debe evitar es establecer metas demasiado altas o poco realistas.

4. Conoce los riesgos que puedes soportar

Su estrategia será dictada por su perfil de riesgo; por lo tanto, tenga claro los tipos de riesgos que está dispuesto a tomar. Entender su actitud hacia los riesgos le ayudará a crear su estrategia perfecta.

5. Empiece a presupuestar

El presupuesto es la única manera de asegurarse de que ha mantenido y va a mantener un balance positivo entre sus ingresos y gastos. El presupuesto no sólo le permite saber a dónde va su dinero, sino que también le ayuda a crear planes para gastos mayores.

6. Crear un plan de inversión

No puedes comprar lo que quieras cuando se trata de bienes raíces. Necesitas crear un plan para tus compras para que tengas el crecimiento y los beneficios que deseas.

7. Sigue las últimas tendencias

Sigue las últimas tendencias de la industria. No existe un método único y verdadero, lo único que le ayudará a tener éxito es mantenerse en contacto con la industria y comprender los riesgos que conlleva.

8. Sea paciente y manténgase enfocado

Un error común que la mayoría de los compradores de propiedades comerciales o de casas hacen al invertir en bienes raíces es dejar que sus sentimientos interfieran con su trabajo. Recuerde siempre que está tomando decisiones racionales, no emocionales.

Si sigues aprendiendo y probando nuevas estrategias, seguramente tendrás éxito.

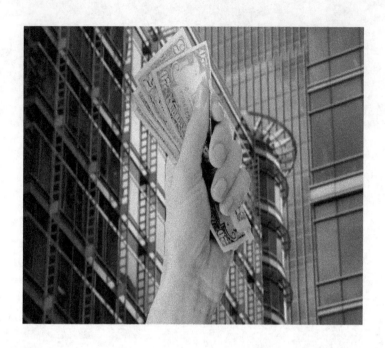

Capítulo 2:

Todo está en tu mente

Si has leído este libro, felicidades. Me alegra decirte que casi nada puede detenerte ahora. Seguro, encontrarás pérdidas, pero esas pérdidas te enseñarán todas las lecciones que necesitas. Sin embargo, dije que casi nada puede derrotarte. Espero que se pregunte qué es lo que este extenso libro no cubre. La respuesta es usted. Ahora, usted es el único que puede superarse a sí mismo. Incluso si sigues todos los consejos dados en este libro, todavía puedes vencerte a ti mismo muy fácilmente. ¿Cómo? Con tus sentimientos. Tus mayores debilidades están en tu mente. Afortunadamente, puedes derrotarlos.

Las emociones peligrosas

Hay cinco emociones que pueden arruinarte como corredor de bolsa. La parte más triste de esto (y la más peligrosa también) es que las emociones nos controlan y por lo tanto aprender a controlarlas es muy difícil. Puedes encogerte de hombros y decirte a ti mismo: "Después de todo, no soy emocional, esto no es para mí". Entonces estarías equivocado. Si alguna vez has perdido una gran suma de dinero aunque sea por un segundo, sabes cómo se siente el pánico. No tienes que ser emocional para sentir ciertas cosas. Aquí hay algunas emociones a las que debes prestar atención:

La codicia

¿Cómo podemos describir la codicia? ¿Conoces esa sensación de querer más? Bueno, eso no es codicia. Es la sed que nos lleva al éxito. Si no hay sed o hambre de hacer algo que nunca hemos hecho antes, muchos logros serían sólo sueños. Lo que pasa con la sed o el hambre es que si no les prestas atención, pueden convertirse en codicia. Piensa en ti como un pescador que ha estado buscando medios de ingresos. De repente, consigue un bote, algunas herramientas y un buen conocimiento sobre cómo pescar. Tiene un buen capitán que cuida el barco mientras conduce. Hace unos días, no tenía comida. Hoy en día está consiguiendo pescado que puede vender y comer. Cuando ve lo rentable que es, se levanta temprano para pescar y no se acuesta hasta tarde. Hace todo eso porque tiene sed. Sin embargo, cuando empieza a llevar 500 peces en su bote (que son 400) para maximizar sus ganancias, se vuelve codicioso. Ya no quiere usar redes, así que empieza a electrocutar los peces en el agua y a sacarlos en grandes cantidades; es codicioso.

Tú podrías ser ese pescador. Cuando empiezas a poner más del 2% en lugar de intentar aumentar tu saldo disponible, te vuelves codicioso. Cuando haces un análisis rápido para tomar posiciones temprano, te vuelves codicioso. Cuando te niegas a diversificar y en su lugar hundes el capital en un solo terreno que sientes que será fértil para siempre, eres codicioso y la codicia te empujará a tomar decisiones equivocadas.

Cómo protegerse de la avaricia

La forma más eficiente de protegerse contra la codicia, es hacer un análisis y seguir el plan comercial. Es tu plan de negocios el que dictará, lo que has planeado hacer en un momento de pensamiento crítico. Recogerás los beneficios a su debido tiempo y no más tarde.

El miedo

El miedo es una emoción terrible; en mi opinión, es una de las más fuertes. El miedo de un asesino mata más rápido que el propio asesino. Regresemos a nuestro pescador. Planea salir a las profundidades del mar para conseguir algunos peces raros, así que alista su equipo y pasa el tiempo necesario para prepararse. Sin embargo, planear algo y hacerlo son dos experiencias diferentes. Así, nuestro pescador entra en los mares turbulentos. Ve las olas elevándose y teme por su pequeño bote. Se pregunta si es seguro ahí fuera. Cuestiona su decisión. Piensa en el costo de su bote, de su equipo y de su vida. Si los pierde, volverá a ser un hombre pobre y, peor aún, estará en deuda. Y así, nuestro pescador decide volver. Acaba de perder mucho tiempo.

Tú también podrías ser ese pescador. El miedo le hará perder la fe en su propio análisis. Por eso pedimos a los comerciantes que estén seguros de su análisis. El miedo hará que se cuestionen todas las decisiones racionales que han tomado. Lo peor es que el miedo es capaz de hacerte entrar en pánico. El pánico hará que te rindas más rápido de lo que deberías. El pánico te hará saltar de un trato que estaba a punto de favorecerte. Sin embargo, el pánico no puede instalarse sin el miedo.

Cómo protegerse del miedo

Lo primero que debes hacer es cubrir todas las posibilidades. Tu miedo es inteligente si te saca de un acuerdo desastroso. Pero, si cubres todas las bases, tendrás la ventaja. Analiza todo con paciencia. Sin embargo, eso no es todo. Cada vez que llegues a una conclusión, apúntala en tu diario comercial junto con la razón por la que llegaste a esa conclusión. Cuando el miedo quiera establecerse, eso será su consuelo. El miedo es mortal y cuando el pánico se instala, tu habilidad para tomar decisiones racionales es atacada. Usted no quiere que eso suceda, y debe luchar contra ello. Actualice su diario de operaciones con todos los detalles y análisis que necesite. Te ayudarán a poner tu mente en completo descanso.

Esperanza

A menudo se nos dice que esperemos el futuro, pero en los negocios, no hay lugar para la esperanza. Los análisis no se construyen sobre la esperanza. Se construyen sobre pensamientos y cálculos racionales. Pensemos de nuevo en nuestro pescador. Sale y ve que es un mal día. Ha comprado algo de combustible, una red y un nuevo equipo. Todas esas cosas cuestan dinero. Pero ve que el clima es malo. Sin embargo, ha gastado dinero, y no quiere perderlo, así que empieza a decirse a sí mismo que el tiempo mejorará. Ya está en él y no quiere salir con una pérdida, así que se dice a sí mismo que tenga paciencia. Las gotas de lluvia cubren el barco, pero se dice a sí mismo que tenga paciencia porque el sol pronto brillará y lo secará.

Tú podrías ser el pescador. Ha analizado su punto de pérdida y lo ha elegido correctamente. No das una orden de alto de pérdida, pero la escribes en algún lugar (ese es tu primer error). Cuando la señal de pérdida llega, desarrollas esperanza y te dices a ti mismo que tal vez, sólo tal vez, se levantará. En cambio, sigue hundiéndose más y más hasta que pierdes más de lo que habrías perdido si hubieras obedecido la orden de evitar la pérdida.

¿Cómo protegerse de la esperanza indebida?

En el comercio de acciones, la esperanza debería ser lo último que se añade. Tu análisis correcto debe ir primero y luego, debes obedecer las reglas que has establecido para ti y tu comercio. Nada es más importante; escribe tu plan de negocios y mantente en él.

El exceso de confianza

El exceso de confianza es la otra emoción mortal. El exceso de confianza se produce cuando dejas que incluso las pequeñas victorias se te suban a la cabeza y sientes que tus victorias están relacionadas contigo y no con el trabajo que has hecho. Tenemos a nuestro pescador de nuevo. Esta vez, las cosas le van bien. Planea cinco horas y navegar en un barco lleno. Después de un tiempo, empieza a planear durante cuatro horas y cuando ve que su barco sigue lleno, planea dos. Sin embargo, eso no es suficiente y por eso, un día, pasa tan poco tiempo planificando que no prevé una tormenta que destroce su barco.

Podrías ser como el pescador. No estás experimentando el éxito por lo que eres. Lo haces por tu trabajo. Cuando te sientes demasiado confiado, empiezas a subestimar el valor del trabajo y de la preparación que haces. Por lo tanto, obtendrás malos resultados.

¿Cómo protegerse del exceso de confianza?

Tengan una rutina de comercio y un plan de comercio. Están obligados a mantenerte bajo control. Usted debe seguir su plan de negociación como una regla. Recuerde que primero debe planear el intercambio y luego el plan de intercambio. Durante la operación, las emociones se intensifican, pero sólo debe tomar las decisiones que ya ha establecido en su plan.

Lamentarse

La última emoción es el remordimiento. El lamento es una emoción que no clasificaré como mala. El arrepentimiento en sí no es malo, pero lo que desencadena puede ser bueno o malo. Por ejemplo, nuestro pescador se da cuenta de lo tonto que ha sido. Ha dañado su barco y ahora tendrá que hacer algunos pequeños trabajos para conseguir dinero para arreglarlo. El daño que ha hecho es bastante caro, y se arrepiente de no haber prestado más atención. Si nuestro pescador decide vender la madera que queda en su bote y se da por vencido, ha perdido. Pero si decide analizar dónde se equivocó, elegir sus errores, trabajar en su análisis y tener cuidado, no cometerá los mismos errores dos veces.

Cómo evitar el arrepentimiento

Cuando las cosas van mal, sobre todo cuando nos damos cuenta de que podríamos haberlo evitado, el arrepentimiento es bastante normal. Sin embargo, sale mal cuando permites que te lleve negativamente. Tal vez decidas negociar de forma insegura para recuperar tus fondos o tal vez decidas renunciar. Lo que sucede puede estar un poco fuera de su control. Cuando ocurran pérdidas, evalúe, aprenda y preste atención a sus errores, asegurándose de no cometerlos nunca más. Rendirse es la pérdida real.

Capítulo 3:

Pasos para construir un plan de negocios

A menudo hablamos de planes comerciales pero no todos saben cómo construir uno. Aquí hay diez pasos sencillos que pueden ayudarle. Un plan de comercio es donde escribirás cada paso que des. Responderá a las preguntas de qué, cuándo y cómo. Incluso responderá al por qué.

1. Aprender: ¿Qué conocimiento te falta? ¿Qué sientes que no sabes? Apréndelo. Reúne tantos conocimientos como puedas.
2. Prepárate: Prepárate mentalmente y financieramente, incluso emocionalmente. Ten la cabeza despejada. No entres con una actitud arriesgada.
3. Escriba cualquier riesgo posible: Evalúe el saldo de su cuenta. Decida el porcentaje que está dispuesto a arriesgar. Ten en cuenta que incluso puedes arriesgar menos del 1%. Intente asegurarse de que gana más de 100 dólares en cada operación debido a las comisiones.
4. Establezca objetivos: Decida lo que quiere ganar y lo que está buscando.
5. Analice: Escanea, analiza técnicamente e investiga tanto como puedas. Es aquí donde empiezas a planear tu negocio. Recibe señales fuertes. Las

señales que recibes deben ser aquellas en las que crees plenamente. Si te asustan, busca otras. Hay muchos ahí fuera.

6. Establece las reglas de salida: ¿A qué hora saldrás? Esto es o bien tomar ganancias o bien detener la pérdida.

7. Establezca las reglas de entrada: ¿Cuándo es el mejor momento según la señal?

8. Grabar todo: Grabar todo de forma ordenada. Es este registro el que te retendrá si el miedo trata de aparecer.

9. Analiza tu rendimiento: Analiza tus victorias y tus pérdidas aquí. Aprende de los errores y felicítate cuando hagas los movimientos correctos.

La rutina; ¿Por qué es importante?

Como comerciante, necesitará tener una buena rutina, la pones en marcha y se convierte en una parte de ti. Las rutinas no son sólo para tu comercio. Son para ti y para tu vida personal; para que puedas comerciar en tu mejor momento, necesitas estar en tu mejor momento, y por eso debes tener una rutina. Son para ti y para tu vida personal. Para que puedas comerciar en tu mejor momento, necesitas estar en tu mejor momento, y por eso debes tener una rutina. Un hombre que ha dormido dos horas no puede entrar en un mercado y obtener tantos beneficios como un hombre descansado Debes cuidar toda tu vida. Aquí hay una simple rutina que puede seguir. Por supuesto, puede ajustarla, pero trate de mantener la idea general.

1. Coma comidas saludables. 2. Nunca cambies cuando tengas hambre.

2. Revise e identifique la tendencia de la gráfica diaria al principio de la semana.

3. Señale los puntos o niveles importantes de apoyo y resistencia horizontal al principio de la semana.

4. Revise sus mercados favoritos y esté atento a las tendencias obvias.

5. Busque operaciones que cumplan con sus criterios.

6. Si encuentra una operación que le gusta, tome una posición; haga la operación.

7. Si no encuentra ninguno, váyase.

8. Duerme de 6 a 8 horas.

9. Revise su negocio por la mañana. Evite las emociones y, en caso de duda, consulte nuestros métodos de control de emociones. Sólo dé un paso en su negocio si hay una razón lógica para hacerlo.

Cuando el trato con otras personas es la parte principal de tu trabajo, es extremadamente importante que trabajar contigo sea agradable. Una razón común por la que muchos agentes inmobiliarios no logran permanecer mucho tiempo en el negocio es porque es difícil trabajar con ellos.

Ser difícil de trabajar es una forma segura de fracasar como agente de bienes raíces.

Consejo: cuando se trabaja con compradores y vendedores, siempre hay que tener en cuenta que hay cientos o incluso miles de otros agentes en cualquier mercado con los que se puede trabajar. Si trabajar con un agente es difícil, es bastante fácil para un comprador o vendedor encontrar un agente más simpático.

Un agente que tiene una buena reputación con otros agentes también tiene una mayor probabilidad de triunfar en el negocio. Muchos agentes inmobiliarios fracasan porque es difícil trabajar con ellos y otros agentes harán todo lo posible para evitar trabajar con ellos.

Hay docenas de razones por las que los mercados inmobiliarios son diferentes, de hecho, los mercados pueden ser significativamente diferentes incluso si están cerca. Esto significa que un mercado puede ser fuerte mientras que otro es débil. Otra razón por la que los agentes inmobiliarios no logran entrar en el negocio es porque no pueden superar los tiempos difíciles.

Mientras que un mercado inmobiliario es fuerte, es común ver a la mayoría de los agentes haciendo bien y prosperando en el negocio. Dado que los bienes raíces son cíclicos, es inevitable que un mercado difícil llegue eventualmente, que es cuando se llega a ver si un agente de bienes raíces va a fracasar o no. Muchos agentes inmobiliarios fracasan porque no pueden superar un mercado inmobiliario deficiente.

Consejo: siempre planifique para los tiempos difíciles que se avecinan. Es extremadamente importante hacer crecer su tubería, su número de contactos y su negocio en general, incluso durante un mercado fuerte. Los agentes exitosos siempre están aprendiendo y encontrando varias maneras de fortalecer su negocio aún más. Conclusión: ¡no se confíe durante un mercado inmobiliario fuerte!

Reflexiones finales

Hay muchos negocios en la industria inmobiliaria. El porcentaje de agentes inmobiliarios que fracasan es demasiado alto. Es extremadamente importante que todos los agentes de bienes raíces, ya sean nuevos o veteranos, se den cuenta de por qué fracasan.

Si el número de profesionales de bienes raíces fuertes que entran en el negocio aumentara, sería bueno para la industria. Los agentes más fuertes que entren y permanezcan en el negocio significarían una mejor experiencia para los compradores, vendedores y otros profesionales de bienes raíces.

Fundamento #1: Determinar si la inversión en la propiedad comercial es la estrategia correcta para usted.

Como en el caso de los inmuebles residenciales, la inversión en propiedades comerciales requerirá diligencia. Estas complejas transacciones de bienes raíces le ayudarán a entender si la propiedad potencial se ajusta a la estrategia de inversión correcta para sus necesidades y objetivos financieros.

Flujo de efectivo:

Como su nombre lo sugiere, una estrategia de flujo de efectivo implica entender y manejar sus expectativas. Antes de avanzar en este tipo de estrategia, hágase las siguientes preguntas:

- Si la propiedad tiene un flujo de caja mensual más bajo, ¿significa eso que no es un buen negocio?

- Si la propiedad tiene un flujo de caja mensual más alto, pero tiene otros riesgos, ¿significa esto que es una buena opción para mi cartera?

A medida que responda a estas preguntas, tenga en cuenta que las estrategias serán diferentes para cada propiedad. Identifique sus expectativas, gestione esas expectativas y, a continuación, con una visión imparcial, determine si la propiedad cumplirá esas expectativas y, por tanto, alcanzará sus objetivos financieros. Por último, el objetivo de las propiedades de flujo de efectivo es ser una estrategia de inversión más pasiva, que requiere un enfoque menos práctico (especialmente cuando se compara con una propiedad de valor agregado).

Valor Agregado:

Una propiedad que se considera "valor agregado", por lo general se refiere a una que necesita algún trabajo completado antes de que pueda, a) lograr valores de alquiler mensual más altos, o b) ser alquilada a los inquilinos. Teniendo esto en cuenta, una propiedad de valor agregado generalmente cumple con los siguientes criterios:

- Necesita una renovación.
- Hay un mantenimiento diferido.

- El exterior/el paisaje de la propiedad necesita ser mejorado.

Una propiedad de valor agregado es una estrategia activa. Además, tendrá muchas partes móviles, lo que significa que tendrá que confiar en su equipo local para completar eficazmente cada etapa. A medida que agregue valor a la propiedad, debe reconocer que su flujo de caja será generalmente más bajo. Sin embargo, una vez que se haya agregado el valor a la propiedad, comenzará a ver flujos de efectivo más altos, así como un mayor valor de venta cuando decida finalmente vender la propiedad comercial.

Tiempo de espera:

Cuando se está mirando una propiedad, se debe determinar cuál es un marco de tiempo aceptable. Por ejemplo, las propiedades de flujo de caja suelen estar listas para ser alquiladas inmediatamente, mientras que las propiedades de valor añadido tendrán que ser renovadas antes de alquilar las unidades y/o el edificio entero. Hay algunos plazos generales que pueden esperarse para cada tipo de estrategia de inversión comercial.

- Las propiedades de valor añadido suelen tener un tiempo de retención de uno a tres años.

- La compra y venta en un plazo de 12 meses normalmente se alinea con una estrategia de giro (frente a una estrategia de compra y retención).
- Las propiedades de flujo de caja pueden utilizarse para generar los ingresos necesarios para invertir en otra propiedad.
- Las propiedades comerciales en zonas de alta plusvalía suelen ser retenidas, ya que la oportunidad de aumentar las rentas de mercado es mayor.

Apreciación:

Al mirar las propiedades comerciales, considere la posible apreciación. Las siguientes preguntas le ayudarán a determinar cuánto tiempo quiere conservar la propiedad, antes de decidir venderla:

- ¿Hay una alta demanda de tierra / espacio para construir en el área local?
- ¿Se está mudando más gente (año tras año) a la zona?
- ¿Han seguido aumentando (o disminuyendo) los precios de los alquileres?
- ¿Están llegando negocios a la zona?

Estas preguntas pueden ayudar a determinar el tiempo de retención de una propiedad comercial y proporcionar información útil sobre la apreciación proyectada de la inversión.

Fundamento #2: Determinar si la inversión multifamiliar es la estrategia adecuada para usted

Cuando se invierte en propiedades multifamiliares, se debe decidir qué tipo de proyecto se quiere comprar. Teniendo esto en cuenta, ya que las propiedades multifamiliares son las más cercanas a las propiedades residenciales, la mayoría de la gente tiende a gravitar hacia este tipo de construcción.

Proyecto de flujo de caja:

Un proyecto de flujo de caja tendrá por lo general las siguientes características:

- Altas tasas de ocupación (idealmente junto con bajas tasas de rotación, es decir, los residentes suelen renovar sus contratos de arrendamiento año tras año).
- Las unidades se alquilan a las tasas de alquiler actuales del mercado o por encima de ellas.
- Los gastos son bajos y/o están cubiertos por las tasas de alquiler que se obtienen.

Proyecto de valor añadido:

Un proyecto de valor añadido tendrá por lo general las siguientes características:

- Tasas de ocupación más bajas (especialmente cuando se comparan con las propiedades de la competencia en el área local).
- Las unidades se alquilan por debajo de las tasas de alquiler actuales del mercado.
- El exterior o el interior deben ser actualizados.
- Los costos de operación son elevados (tal vez debido a los mayores costos de mantenimiento, al aumento de los gastos o a la mala gestión).Typically, more difficult to manage than a cash flow property.

Proyecto del período de retención:

Para un proyecto de período de retención, primero compare el flujo de caja con el potencial de valor añadido de una propiedad. Las siguientes preguntas pueden ayudar a determinar si la propiedad multifamiliar se ajusta a sus necesidades de flujo de caja, así como a su estrategia general de inversión:

- ¿Cómo se comparan los alquileres con las tasas de alquiler actuales del mercado?

- ¿Cómo se comparan el interior y el exterior de la propiedad (y las unidades) con otras propiedades de la zona?

- ¿Proporciona la tasa de ocupación un flujo de efectivo mensual suficientemente alto?

- ¿Qué se puede hacer para a) aumentar los alquileres mensuales, b) aumentar las tasas de ocupación o c) reducir los gastos de funcionamiento?

Fundamento #3: Determinar si la venta al por menor / arrendamiento de triple red es la estrategia correcta para usted

Un arrendamiento de triple red (triple-red o NNN) se refiere a un acuerdo de arrendamiento en el que el inquilino paga todos los impuestos de bienes raíces, el mantenimiento y el seguro del edificio de la propiedad comercial. Además, el inquilino paga los "honorarios normales", como el alquiler, los servicios públicos, etc. Los inversores podrían querer comprar una propiedad comercial y aplicar un contrato de arrendamiento triple neto por las siguientes razones:

- Una estrategia menos práctica (normalmente utilizada con un cliente minorista).

- Los beneficios pueden ser menores que los de otras estrategias de inversión, pero ésta es una estrategia más pasiva.

- El riesgo tiende a ser un poco menor.

- Fácil de administrar (por lo general, la comisión de administración es menor si participa un administrador de propiedades; sin embargo, la mayoría de los arrendamientos de triple red no tienen un administrador de propiedades).

Esta estrategia suele aplicarse cuando se desea estimular la cartera.

Fundamento #4: Entender el financiamiento de la propiedad commercial

El financiamiento de las propiedades comerciales es normalmente diferente al de las propiedades residenciales. De hecho, muchas oportunidades comerciales requieren que los inversores cumplan con normas de ingresos o de patrimonio neto más elevadas, pudiendo también hacer un compromiso financiero mayor.

Tasas de interés:

Las tasas de interés para las propiedades comerciales dependen de la tasa de interés preferencial actual, y también es importante comprender cómo los bancos realmente piden prestado el dinero necesario para otorgarle un préstamo con una tasa de interés fija o variable.

Tasa de interés preferencial: la tasa más baja a la que se puede prestar dinero comercialmente.

Cómo se prestan los bancos: los bancos obtienen su dinero pidiendo prestado a la tasa de interés preferencial, prestándole a usted, agregando una tasa de interés por encima de ella, y luego ganando su dinero a partir de ella.

Amortización:

Los bancos pueden extender el período de amortización (AM). Por ejemplo, puedes tener un préstamo a 10 años con un período de amortización de 20 años. En este último caso, cuanto más largo sea el AM, menos deuda pagarás mensualmente. Cuanto más corto sea el AM, mayor será el pago mensual. Como se ve a continuación, cada período AM tiene sus pros y sus contras:

- El pago de la deuda es menor, pero la tasa de interés es mayor.
- El AM más corto tiene un pago de deuda más alto, pero una tasa de interés más baja.

Duración del préstamo:

La duración del préstamo suele estar relacionada con la duración del contrato de arrendamiento. Al decidir entre las opciones de financiación, es importante tener en cuenta tanto la duración del préstamo como el período de amortización.

Arrendamiento Triple Red / Financiación al por menor:

Los arrendamientos de triple red y la financiación al por menor se basan normalmente en los siguientes factores:

- Se examina el plazo del arrendamiento para determinar el período de amortización, así como el período del préstamo.
- La cuota inicial suele ser de entre el 25 y el 35 %.
- El tipo de interés suele ser más bajo (sin embargo, depende del pago inicial efectuado, así como del período de arrendamiento).
- Los bancos suelen refinanciar cuando el inquilino renueva el contrato de arrendamiento. Sin embargo, el tipo de interés puede cambiar en ese momento y ser más alto que el promedio del cinco al seis por ciento de interés que se suele conceder.

Arrendamiento Triple Red / Financiación al por menor:

Los arrendamientos de triple red y la financiación al por menor se basan normalmente en los siguientes factores:

- Se examina el plazo del arrendamiento para determinar el período de amortización, así como el período del préstamo.
- La cuota inicial suele ser de entre el 25 y el 35 %.
- El tipo de interés suele ser más bajo (sin embargo, depende del pago inicial efectuado, así como del período de arrendamiento).
- Los bancos suelen refinanciar cuando el inquilino renueva el contrato de arrendamiento. Sin embargo, el tipo de interés puede cambiar en ese momento y ser más alto que el promedio del cinco al seis por ciento de interés que se suele conceder.

Financiamiento multifamiliar:

Existen varios tipos de oportunidades de financiación multifamiliar:

Préstamo de agencia: este tipo de financiación se produce para propiedades que están valoradas en más de un millón de dólares. Este tipo de préstamo también tiene un período de amortización de 30 años y una baja tasa de interés fija (por un período de tiempo determinado).

Préstamo tradicional: este tipo de financiamiento tiene términos de préstamo específicos, generalmente tiene una tasa de interés de entre el cinco y el seis por ciento, y a menudo tiene un período de amortización de 25 años.

Financiamiento de una sola familia vs. Financiamiento comercial:

Una oportunidad de financiamiento para una casa unifamiliar generalmente tiene las siguientes condiciones:

- Se amortiza uniformemente durante el plazo del préstamo.
- Tiene una tasa de interés fija durante todo el período del préstamo.
- Hay una mayor demanda y por lo general un mercado secundario para las casas unifamiliares.
- A menudo se basa en la tasación de la vivienda.
- La financiación comercial normalmente explora las siguientes condiciones:
- El plazo del préstamo suele coincidir con el período de arrendamiento.
- Suele haber un período de amortización más largo.
- El tipo de interés fijo suele ser por un período de tiempo determinado, y luego entra en un período "flotante".

- Hay un mercado secundario más pequeño, lo que significa que los tipos de interés suelen ser más altos.

- El préstamo suele basarse en la corriente de efectivo de la propiedad, más que en su valor de tasación.

Fundamento #5: Saber cómo leer un formulario de propiedad comercial de alquiler

Un proforma de una propiedad comercial de alquiler es esencialmente un análisis financiero de la propiedad. Como parte de esta declaración, tendrá que revisar los ingresos brutos, las tasas de vacantes, así como los gastos de funcionamiento.

Ingresos brutos:

Los ingresos brutos se definen como la cantidad de ingresos que podría recibir si la propiedad estuviera ocupada al 100%.

Vacante:

La vacante es típicamente un porcentaje de los ingresos brutos. Cuando se calcula la vacante (así como las tasas de vacancia proyectadas), la mayoría de los inversionistas generarán modelos financieros basados en un 5% menos que la tasa de ocupación actual.

Gastos **operativos**:

Los gastos operativos incluirán el mantenimiento, los servicios públicos, los impuestos sobre la propiedad y los honorarios de gestión. Tenga en cuenta que con una propiedad de alquiler triple neto no pagará los gastos operativos mencionados.

En general, las propiedades multifamiliares deben ver el 25 - 40 % de los ingresos brutos dedicados a los gastos operativos. Esta suma dependerá de numerosos factores, incluyendo si la propiedad se considera como un flujo de caja o como una propiedad de valor añadido. Si es esto último, entonces tendrá que tener en cuenta los costos de renovación y mejora de la propiedad al revisar los gastos de funcionamiento.

Servicio de la deuda:

La parte del servicio de la deuda de un documento proforma se refiere al pago de su deuda, sin incluir los gastos de operación.

NOI (Ingresos Operativos Netos) = Ingresos Brutos - Vacantes - Gastos Operativos:

El NOI se calcula como el efectivo que recibirá antes de que se retiren los impuestos, pero después de que haya pagado todos sus gastos operativos. Es importante tener en cuenta que el NOI no incluye el servicio de la deuda.

Tasa CAP:

La tasa CAP es su NOI expresado como un porcentaje comparado con lo que pagó por la propiedad de inversión comercial. Puede pensar en ello como el retorno de la inversión generado antes de que el servicio de la deuda sea eliminado.

Efectivo en efectivo (COC):

El COC es su ROI después de que usted ha sacado el servicio de la deuda. Es importante notar que el COC no se calcula sobre el precio de compra, sino sobre el pago inicial cuando compró la propiedad de inversión comercial.

Tasa Interna de Retorno (TIR):

La TIR mostrará el rendimiento de su inversión. En otras palabras, la TIR le ayuda a determinar si su dinero está "creciendo" adecuadamente con su propiedad de inversión comercial actual o si hay otra oportunidad de inversión (más fuerte) que lo llevaría a una TIR más alta.

Fundamento #6: Entender el arrendamiento de la triple red

Como se mencionó anteriormente, muchos inversores en bienes raíces comerciales que desean disfrutar de un riesgo menor y una estrategia pasiva, a menudo exploran las oportunidades que podrían venir con el arrendamiento triple neto. Es importante señalar que los arrendamientos netos triples son únicos e incluyen diferentes criterios que deben cumplirse antes de seguir esta ruta.

NNN absoluto (Triple Neto):

- Un NNN absoluto debe cumplir los siguientes criterios:
- Usted es el propietario del edificio; el inquilino paga todos los gastos.
- -Los impuestos sobre la propiedad, el mantenimiento y el seguro son pagados por el inquilino.
- Los gastos, honorarios, alquiler mensual, etc. están explícitamente escritos en el contrato de arrendamiento. Además, se determina cómo el inquilino pagará los gastos mencionados (es decir, ¿el inquilino "le devolverá" cada mes los gastos además del alquiler mensual acordado, o los gastos se facturarán directamente al inquilino para que cada mes reciba un solo cheque de alquiler?).

NN (Doble Neto):

En un NN, normalmente establecemos las siguientes condiciones:

- Todos los gastos se facturan al inquilino excepto el techo, la estructura y los gastos de aparcamiento.
- Los gastos asociados con el techo variarán. Típicamente, en esta situación, el techo será algo que va a durar de 20 a 30 años, y por lo tanto no suele proporcionar gastos elevados durante el plazo del contrato de arrendamiento.
- La estructura dependerá de cuándo se construyó el edificio, así como de cómo se construyó, lo que dará lugar a gastos menores o mayores para el propietario.

Condiciones de alquiler:

Al examinar los términos del contrato de arrendamiento, tenga en cuenta las siguientes pautas de retorno de la inversión:

- Si el plazo de arrendamiento es de 3 años o menos, entonces quiere un CAP del 8 % o más. Esto se debe a que normalmente hay un mayor riesgo asociado a un plazo de arrendamiento más bajo.
- Si el plazo de arrendamiento es de 3 a 5 años, entonces usted quiere un CAP del 7 al 8 %.

- Si el plazo de arrendamiento es de 5 a 10 años, entonces quiere un CAP del 6,5 al 7 %.
- Si el plazo de arrendamiento es de 10 años o más, entonces usted quiere un CAP del 6 %.

Comps en el área (alquiler y venta):

Es importante tener en cuenta los siguientes factores cuando se piensa en invertir en una propiedad comercial con una oportunidad de alquiler triplemente neta:

- Mirar los precios de alquiler, así como los términos comunes de arrendamiento, para edificios similares en el área.
- Mire lo que un inquilino similar está pagando en alquiler (para un tipo de espacio similar en la zona).
- Examine las ventas recientes en el área.
- ¿Cuál es el CAP para tipos de edificios similares vendidos recientemente en el área?

Grado de inquilino:

El grado del inquilino debe ser evaluado cuando se considere un arrendamiento triple neto. Para calcular el grado del inquilino debe hacerse las siguientes preguntas:

- ¿Cuál es su capacidad de crédito?
- ¿Es el inquilino digno de confianza?
- ¿Está respaldado por una empresa pública?

- Generalmente, cuanto más alto sea el grado del inquilino, más bajo será el CAP. Sin embargo, mientras que el CAP puede ser más bajo, los inquilinos de mayor grado a menudo ofrecen menores riesgos.

Fundamento #7: Entender el papel de la administración de la propiedad de los edificios comerciales

El papel de la administración de la propiedad en los bienes raíces comerciales es un poco diferente al de los residenciales. Un administrador de propiedades comerciales tendrá diferentes responsabilidades, dependiendo del tipo de propiedad. Por ejemplo, un propietario normalmente no tendrá un administrador de la propiedad para los arrendamientos netos triples.

Si el propietario adopta un enfoque completamente pasivo, el costo de la administración de la propiedad será mayor.

Fundamento #8: Determinar si es necesaria la asistencia de los inversores o la gestión de activos

La asistencia a los inversionistas es proporcionada por un experto de la industria, así como por su equipo de propiedades, para explorar activamente otras oportunidades del mercado inmobiliario.

Algunas inversiones comerciales también ofrecerán oportunidades de gestión de activos del equipo de propiedades (para que pueda adoptar un enfoque de inversión más pasivo).

Obtendrá el valor adicional de saber que hay expertos locales sobre el terreno, que le proporcionarán su aportación directa y aplicarán su experiencia a sus inversiones comerciales.

Aproveche los conocimientos de un inversor experimentado al elegir una propiedad inmobiliaria comercial.

¿Cuándo debo utilizar un administrador de activos?

Un administrador de activos se utiliza a menudo cuando se compra una propiedad de varios inquilinos. Un administrador de activos puede ser especialmente beneficioso cuando los inversores están tratando de obtener financiación para un multiarrendatario o una unidad múltiple, y el proceso es más complejo.

Los administradores de bienes son expertos en su campo, tienen una amplia experiencia en la compra y administración de este tipo de bienes y pueden guiarlo a lo largo de todo el proceso. Si usted es un principiante, los administradores de activos pueden ser muy útiles.

10 preguntas frecuentes sobre la inversión en propiedades comerciales

Recuerda que siempre puedes hablar con tu consultor de inversiones para aprender más sobre las propiedades comerciales, y él o ella te ayudará a reconocer la mejor estrategia de inversión para ti.

1 - Estoy interesado en ser un CCIM (Certified Commercial Investment Member), ¿a dónde voy para eso?

Vaya a CCIM.com y tome al menos una clase de introducción, o la clase 101. Estas clases de educación proveerán una gran introducción al mercado de inversión comercial.

2 - ¿Puede encontrar un préstamo comercial totalmente amortizado a 20 - 25 años?

La respuesta corta es sí. Es más probable que consiga uno por 25 si viene de un banco local.

3 - ¿Por qué el NOI (Ingreso Operativo Neto) no incluye el servicio de la deuda?

La respuesta corta es que "simplemente no lo hace". La respuesta más larga es que conseguir préstamos es un proceso sesgado, mientras que el efectivo no lo es, por lo que el NOI no incluye el servicio de la deuda.

4 - ¿Qué es la red absoluta?

El neto absoluto significa que el inquilino paga todos los gastos. En este caso, el valor bruto será el mismo que el neto absoluto.

5 - ¿Un inquilino de mayor grado resultaría en una tasa de interés más baja del prestamista?

Sí, lo hará, porque el riesgo se reducirá tanto para usted como para su prestamista.

6 – Are closing costs included in CAP rate NOI calculations?

The short answer is yes, due to the fact that closing costs are considered a part of the initial investment and expenses. Thus, they are included in the NOI calculation.

8 - ¿Quién gestiona un Triple Net Lease (NNN)?

Típicamente, tú, el propietario, administrarás un NNN. Sin embargo, si quieres un administrador de la propiedad, siempre puedes contratar a uno para que administre los NNN.

9 - ¿Cuál es el rendimiento típico de una propiedad multifamiliar o comercial?

El rendimiento dependerá de la demanda dentro del mercado. Por ejemplo, si hay una gran demanda en el mercado, entonces normalmente tendrá un rendimiento menor. Sin embargo, el flujo de caja suele ser mayor, ya que hay una gran demanda. En otras palabras, la estrategia, el mercado y el riesgo tendrán un impacto directo en el rendimiento de una propiedad multifamiliar o de venta al por menor.

10 - ¿Qué pasa con el aumento de los tipos de interés? ¿Cómo afectará eso a mi flujo de caja cuando se ajuste la tasa?

Por lo general, usted tendrá escaladas de alquiler dentro del contrato de arrendamiento para adaptarse al aumento de las tasas de interés. Esto mantendrá un flujo de efectivo constante a medida que las tasas de interés aumenten potencialmente.

Pros y contras de la inversión en propiedades comerciales:

¿Planea invertir en una propiedad comercial pero no sabe por dónde empezar? Aquí hay algunas variables y fundamentos que debe considerar, según el ejecutivo senior de ventas metropolitanas de Savills NSW David Hickey y el ejecutivo de ventas de Savills Selin Ince:

Pros:

- Fuerte tasa de retorno del capital invertido. Las propiedades comerciales generalmente proporcionan un mayor rendimiento de la inversión inicial.

- Flujo de ingresos seguro.

- Típicamente, los aumentos estructurados de renta se incluyen en los acuerdos de arrendamiento.

- Períodos de arrendamiento más largos. En promedio, un contrato de arrendamiento para una propiedad comercial es de 3 a 10 años (y a veces más), mientras que los contratos de arrendamiento promedio para propiedades residenciales son de seis meses a un año.

- Los contratos de arrendamiento son en su mayoría transferibles.

- El inquilino suele ser responsable de los gastos de la propiedad como las tasas del ayuntamiento y el uso del agua.

- Los inquilinos normalmente añaden valor. Por lo tanto, hay un incentivo para hacer mejoras que van de la mano con el aumento del valor de su propiedad comercial. Esto puede llevar a que el propietario de una propiedad comercial pueda cobrar tarifas más altas a los futuros inquilinos.

- Mayor elección de propiedades para adaptarse a una amplia gama de presupuestos.

Contras:

- Los períodos no ocupados pueden dar lugar a una pérdida de ingresos, debido a la vacante.

- Dificultad para pagar la deuda debido a una reducción de ingresos causada por una vacante.

- Contribuciones e incentivos de equipamiento (períodos sin alquiler).

- Condiciones económicas más amplias que afectan a la capacidad de los inquilinos para pagar el alquiler (económicamente vulnerables).

- El mayor obstáculo para entrar en el mercado inmobiliario comercial es el capital inicial requerido. Los prestamistas pueden necesitar depósitos que son el doble de los de las propiedades residenciales.

- El capital necesario para mejorar el edificio. Fachada, techo, servicios, cumpliendo con las normas de la BCA.

- Cambio de las leyes que rigen el horario de funcionamiento (por ejemplo, las leyes de cierre patronal).

- Impuesto sobre las ganancias de capital y costos de transacción.

Qué buscar en su inversión comercial:

Ubicación: Al igual que la propiedad residencial, la ubicación es muy importante, según el Sr. Wizel.

"El acceso al transporte - público y por carretera - puede hacer o deshacer un negocio y por lo tanto tiene un impacto significativo en la demanda de los inquilinos", dice.

El aparcamiento también es muy importante, sobre todo en el sector minorista, donde los clientes tienen que llevar las compras a sus coches. Los negocios minoristas o los que tienen un componente de venta al por menor también necesitan exposición, por lo que la fachada de la carretera principal dentro de un recinto comercial establecido también puede ser fundamental para el éxito de un negocio, dice.

Vacantes: Considere cuántas tiendas, oficinas, almacenes y fábricas están vacantes en el distrito que está viendo. Si hay muchas vacantes, puede significar que encontrar otro inquilino - si pierdes el tuyo - puede ser difícil. Si no hay vacantes, es una buena señal de que el negocio en el recinto es bueno y es probable que pueda volver a prestar su propiedad rápidamente. Nunca compre en un área con muchas vacantes a menos que esté seguro de que puede encontrar un inquilino rápidamente, advierte el Sr. Wizel.

El edificio: Busca una propiedad moderna, atractiva y bien mantenida que necesite un mínimo de mantenimiento.

Cómo entrar en el sector inmobiliario comercial:

Obtener un poco de entrenamiento

Lo primero que hay que hacer es aprender todo lo que se pueda. Hay organizaciones profesionales especializadas en la enseñanza de habilidades especiales para el negocio de bienes raíces comerciales. Estos cursos son requeridos para ayudarte a calificar para una licencia de bienes raíces. Por consiguiente, busca un programa de bienes raíces que puedas tomar. Puede hacerlo en su ubicación física o inscribirse en uno en línea. Después de eso, trabaje para obtener una licencia para practicar el negocio de bienes raíces comerciales.

6 Consejos que debe seguir para tener éxito en el sector inmobiliario

La formación en bienes raíces comerciales también te expone a varias opciones de carrera. Entre ellas se incluyen:

- Corretaje general
- Desarrollo de la propiedad
- La gestión de la propiedad
- Qué es el corretaje general?

El corretaje general de bienes raíces comerciales implica la representación de los compradores o vendedores en las transacciones de bienes raíces. En este papel usted puede ayudar a su cliente en la compra o venta de una propiedad comercial. También puede sustituir a su cliente en las reuniones relacionadas con las transacciones de bienes raíces comerciales. Mientras sigue esta trayectoria profesional, usted es un contratista independiente y no un empleado de ninguna empresa de bienes raíces. Además, usted recibe una compensación en términos de comisión. Como agente de bienes raíces, puede tratar con todos los tipos de bienes raíces comerciales o especializarse en uno. Algunos ejemplos de las variedades en las que puede invertir incluyen oficinas, propiedades industriales o comerciales al por menor.

Desarrollo de la propiedad

El desarrollo de la propiedad es otra carrera que puedes tomar en el sector inmobiliario comercial. Aquí es donde desarrollas activamente los bienes raíces comerciales y los vendes o alquilas para recuperar una ganancia. Te conviertes en un inversor en bienes raíces comerciales. En este caso, consigues financiación, compras un terreno, construyes una propiedad comercial en él, y procedes a vender el edificio final. También puede optar por alquilarlo a empresas u organizaciones de inquilinos. A pesar de que requiere mucho tiempo y un gran capital inicial, el desarrollo de la propiedad es el tipo de bienes raíces comerciales más gratificante desde el punto de vista financiero.

Cómo tener éxito en los bienes raíces comerciales:

Trabaje con una compañía de buena reputación:

Si desea tener éxito en los bienes raíces comerciales, lo primero que debe hacer es buscar un empleo o trabajar con una empresa de renombre. El nombre de la empresa para la que trabajas es uno de los factores más importantes de tu éxito. La empresa para la que trabajas debe tener una reputación positiva en el campo de los bienes raíces comerciales. Esto es útil cuando intentas convencer a un cliente de que trabaje contigo.

Las empresas de bienes raíces confiables proporcionan a los clientes seguridad cuando están invirtiendo en bienes raíces comerciales. Las empresas pueden ser conocidas por su buena reputación en una ciudad, estado o a nivel nacional. Por lo tanto, asegúrese de realizar alguna investigación mientras busca empleo como agente de bienes raíces comerciales. Aspire a unirse a la fuerza de trabajo de una compañía fuerte y confiable. Esto ciertamente aumentará sus posibilidades de éxito.

Elija su mercado sabiamente:

Como cualquier otro sector de negocios, su mercado importa mucho en los bienes raíces comerciales. Por consiguiente, busque uno que tenga un gran potencial de clientes y beneficios. Normalmente, el mercado de bienes raíces comerciales es siempre mejor en las ciudades que en el campo. Esto se debe a que las ciudades tienen una mayor demanda, más actividades comerciales y exigen tarifas más altas. Además de eso, asegúrese de elegir ciudades que tengan un mercado fuerte. Algunas ciudades tienden a prosperar más que otras.

Es interesante que los agentes de bienes raíces comerciales que trabajan en ciudades prósperas firmen acuerdos y cierren contratos sobre establecimientos comerciales incluso antes de que se completen. Esto sucede gracias a la alta demanda de espacios. Por lo tanto, apunte a una ciudad o mercado urbano y seguramente tendrá éxito.

El análisis de los inmuebles comerciales no es tan complicado como puede parecer a primera vista. De hecho, una vez que se tiene la información básica sobre la propiedad, el análisis del negocio puede hacerse rápida y fácilmente si se entienden estos 5 términos básicos.

Ingresos y Gastos: Los ingresos son todo el dinero producido por la propiedad (alquileres, etc.) y los gastos son todos los costos involucrados con la propiedad y el mantenimiento de la misma, excluyendo el pago de la hipoteca.

Ingresos Operativos Netos (NOI): Es la cantidad de dinero que la propiedad aporta antes de pagar la hipoteca, o los ingresos menos los gastos.

Flujo de caja: Es la ganancia real que se obtiene, o el NOI menos la hipoteca.

Dinero en efectivo sobre el retorno de efectivo: Esto describe cuán rápido le devuelven el dinero del pago inicial, o el flujo de efectivo dividido por el pago inicial.

Tasa de capitalización (CAP Rate): Es una métrica simple utilizada en los bienes raíces comerciales que compara el precio de venta con el NOI.

3 cosas que quiere saber sobre el negocio de bienes raíces comerciales que está analizando

¿Cuánto dinero gana?

¿Cuál es el rendimiento de su inversión?

¿Cómo se compara esta inversión con otras inversiones?

5 términos de inversión clave para los bienes raíces comerciales:

-Ingresos y egresos.

Cada propiedad comercial tiene ambas.

Los ingresos consisten en alquileres cobrados, pagos de arrendamiento, ingresos de lavandería, e incluso cargos por retraso.

Algunos ejemplos de gastos pueden ser: seguros, impuestos, servicios públicos, reparaciones, jardinería y honorarios de administración de la propiedad.

Una cosa que no está incluida en los gastos es el pago de la hipoteca.

Es un gasto de deuda.

-Ingresos Operativos Netos (NOI)

Definición: Tus ingresos menos tus gastos.

Uno de los términos más importantes de estos cinco.

A medida que tus ingresos operativos netos suben, tu flujo de efectivo y el valor de la propiedad también suben.

Cuando baja, también lo hacen el flujo de caja y el valor de la propiedad.

-Flujo de dinero

Definición: Tu NOI menos el pago de tu hipoteca.

-Devolución de efectivo

¿Qué tan rápido se mueve tu dinero?

Si recuperas tu dinero en un año, es 100% devolución de dinero en efectivo.

Si recuperas tu dinero en 2 años, es un 50% de devolución en efectivo.

-Tasa de capitalización

" Tasa de captación " es NOI dividido por el precio de venta.

Si pagas todo el dinero en efectivo por tu inversión, ¿cuál sería el rendimiento de esa inversión?

Una propiedad de alta tasa de límite estará en un vecindario de ingresos bajos a moderados.

Cuanto más alto sea, mayor será el riesgo, mayor será el retorno potencial, pero el precio es menor.

En un vecindario más rico hay una tasa de tope baja.

Una tasa de tope baja significa un menor riesgo, pero también significa un menor rendimiento y un precio de venta más alto.

Reglas de combate para estos cinco términos clave (10:06):

- No haga una oferta hasta que calcule cada uno de estos términos.
- Necesitas que los ingresos sean mayores que los gastos.
- El NOI necesita ser mayor que los pagos de la hipoteca.
- El flujo de caja tiene que ser positivo.
- La devolución de efectivo debe ser mayor o igual al 10%.
- La tasa máxima debe ser mayor o igual al 8%.

EJEMPLO (11:43)

3 Supuestos para este ejemplo:

El precio de compra de la propiedad es de 450.000 dólares.

El pago inicial es del 10%, así que 112.500 dólares.

Los pagos de la hipoteca son 20,000 por año.

En esta propiedad los ingresos son 48,000 al año.

Los gastos son 12,000 al año.

Esto significa que el NOI es 48,000 - 12,000= 36,000.

El flujo de caja es 36,000(NOI) - 20,000 (Hipoteca) = 16,000.

La devolución de efectivo es 16.000 (flujo de caja) dividido por 112.500 (pago inicial) = 14%.

La tasa máxima es 36.000 (NOI) dividido por 450.000 (precio de venta) = 8%.

Ya sea que usted sea un inversionista, corredor, prestamista hipotecario, instalador solar, contratista o techador, saber cómo analizar las propiedades comerciales e identificar oportunidades lucrativas es siempre una parte importante del juego.

Análisis de la propiedad commercial

Se necesita un poco de investigación preliminar para identificar las propiedades de valor potencial, pero esta investigación es sólo eso: preliminar.

El análisis de las propiedades es donde comienza la verdadera excavación. Es donde puedes usar datos reales de las propiedades y sus dueños para convertir tus especulaciones en certeza. Las cuatro cosas que casi todos los profesionales de bienes raíces comerciales buscarán en su análisis de la propiedad son números, narraciones, indicaciones y seguridad.

Los números son los detalles de una propiedad, los años, fechas, precios y medidas asociadas a ella.

Las narraciones son las historias y los relatos detrás de una propiedad. Todas las propiedades tienen historias de venta, deuda y propiedad que pueden afectar la forma en que un inversionista, prestamista o proveedor de servicios interactúa con esa propiedad en el presente.

Las indicaciones son las señales que apuntan a las intenciones o acciones potenciales de un propietario. Son los datos y las percepciones que prueban el deseo o la voluntad de un propietario de vender, refinanciar, reconstruir, reparar, etc.

La garantía es esencialmente la validación de que vale la pena perseguir una propiedad. La seguridad se basa en encontrar los números, narraciones e indicaciones correctas relacionadas con una propiedad.

Ahora que sabes qué buscar, exploremos cómo encontrar oportunidades.

Análisis de edificios y terrenos

En primer lugar, puede analizar un edificio comercial y un terreno para ver si está a la altura de sus necesidades de inversión, préstamo o servicio. Aquí se obtienen principalmente números con un poco de historia.

Puedes analizar el tamaño del lote, el tamaño del edificio, la antigüedad del edificio y la zonificación. Vea los metros cuadrados del lote y la superficie en acres, así como los metros cuadrados de construcción, el número de unidades, el número de edificios, el número de pisos y el área de piso.

Con la vista de mapa integrada de Google, los proveedores de servicios de construcción como techadores, instaladores solares y paisajistas pueden usar "Reonomía" para analizar la disposición física y las características de un edificio, su techo y el terreno que lo rodea.

En cualquier página de perfil de propiedad, simplemente combine su experiencia con la vista de mapa para analizar el nivel de la calle y las tomas aéreas de sus propiedades objetivo.

Análisis de la inversion

La reonomía proporciona acceso a datos profundos sobre propiedades, personas y finanzas, que juntos, a través de los números, construyen una narrativa alrededor de cualquier propiedad comercial. Esa narrativa permite a los inversores y a los agentes de ventas determinar rápidamente si una propiedad en el mercado o fuera de él muestra indicios de que el propietario está dispuesto a vender.

Analizando el historial de ventas de una propiedad y los hábitos de su propietario, se puede ver si una propiedad es una oportunidad de inversión perseguible.

Comience por realizar una búsqueda de propiedades. En este caso, un inversor podría buscar propiedades de un tipo de activo específico, en un lugar específico, que no se hayan vendido en los últimos 10 años. Esto identifica inmediatamente las que tienen más probabilidades de venderse y elimina las que no lo son.

Desde la lista de resultados, puede hacer clic en la página de perfil de cualquier propiedad individual y visitar la pestaña "Ventas".

Pregunte a cualquier profesional de la inmobiliaria sobre los beneficios de invertir en una propiedad comercial, y es probable que desencadene un monólogo sobre cómo dichas propiedades son un mejor negocio que las residenciales. A los propietarios de propiedades comerciales les encanta el flujo de caja adicional, el campo de juego relativamente abierto, el abundante mercado para el bien, los administradores de propiedades asequibles y la mayor rentabilidad.

¿Pero cómo evalúa las mejores propiedades? ¿Y qué separa los grandes negocios de los fracasos?

Como la mayoría de las propiedades inmobiliarias, el éxito comienza con un buen proyecto. Aquí hay uno que le ayudará a evaluar un buen negocio de propiedad comercial.

Aprende lo que saben los expertos

Para ser un agente inmobiliario comercial, aprende a pensar como un profesional. Por ejemplo, saber que una propiedad comercial se valora de forma diferente a una residencial. Los ingresos de las propiedades comerciales están directamente relacionados con su superficie útil. Pero las casas individuales funcionan de manera diferente. También verás un mayor flujo de dinero con la propiedad comercial. Las matemáticas son simples: ganarás más ingresos en viviendas multifamiliares, por ejemplo, que en una casa unifamiliar. Sepa también que los arrendamientos de propiedades comerciales son más largos que en las residencias unifamiliares. Eso prepara el camino para un mayor flujo de efectivo. Por último, si se encuentra en un entorno crediticio más estricto, asegúrese de tener dinero en efectivo en sus manos. A los prestamistas de propiedades comerciales les gusta ver al menos un 30% de adelanto antes de dar un préstamo.

Elaborar un plan de acción

Establecer parámetros es una prioridad en un negocio de bienes raíces comerciales. Por ejemplo, pregúntese cuánto puede pagar y luego busque hipotecas para tener una idea de cuánto va a pagar. El uso de herramientas como las calculadoras de hipotecas puede ayudarte a desarrollar buenas estimaciones del costo total de tu casa.

Otras preguntas clave que debe hacerse son ¿Cuánto espera ganar con el trato? ¿Quiénes son los actores principales? ¿Cuántos inquilinos ya están a bordo y pagando el alquiler? ¿Cuánto espacio de alquiler necesita llenar?

Aprende a reconocer un buen trato

Los verdaderos profesionales de la inmobiliaria saben hacer un buen negocio cuando lo ven. ¿Cuál es su secreto? Primero, tienen una estrategia de salida. Los mejores tratos son aquellos de los que sabes que puedes salir. Ayuda tener un ojo agudo, el de un propietario - siempre busca los daños que requieren reparaciones, sabe cómo evaluar el riesgo, y se asegura de que la propiedad cumple con sus objetivos financieros.

Familiarícese con las principales técnicas de bienes raíces comerciales...

Estas son las métricas clave comunes que se utilizan para evaluar los bienes raíces:

Ingresos Operativos Netos (NOI):

Quieres tener un NOI positivo.

Tasa máxima:

La tasa de capitalización de una propiedad inmobiliaria se utiliza para calcular el valor de los ingresos. Por ejemplo, un complejo de apartamentos de cinco unidades o más, edificios de oficinas comerciales y centros comerciales más pequeños son buenos candidatos para la determinación de la tasa de capitalización. Las tasas de tope se utilizan para estimar el valor actual neto de las ganancias o el flujo de efectivo futuros; el proceso también se denomina capitalización de las ganancias.

Efectivo sobre efectivo:

Los inversores en bienes raíces comerciales que dependen de la financiación para adquirir sus propiedades, a menudo se adhieren a la fórmula de "efectivo en efectivo" para comparar el rendimiento del primer año de las propiedades de la competencia. El inversor en cuestión no requiere el 100% de efectivo para comprar la propiedad en cuenta, pero también considera el hecho de que el inversor no se quedará con todo el NOI porque debe utilizar parte de él para hacer los pagos de la hipoteca. Para descubrir el dinero en efectivo, los inversores en bienes raíces deben determinar la cantidad requerida para invertir en la compra de la propiedad o su inversión inicial.

Busca vendedores motivados:

Como cualquier negocio, los clientes manejan los bienes raíces. Su trabajo es encontrarlos, específicamente a aquellos que están listos y ansiosos por vender por debajo del valor de mercado. El hecho es que nada sucede o incluso importa en el sector inmobiliario hasta que encuentras un trato, que suele ir acompañado de un vendedor motivado. Se trata de alguien con una razón apremiante para vender por debajo del valor de mercado.

Descubra el arte de la "agricultura" del barrio:

Una excelente manera de evaluar una propiedad comercial es estudiar el vecindario en el que se encuentra, yendo a casas abiertas, hablando con otros propietarios del vecindario y buscando vacantes.

Use un enfoque de "tres puntas" para evaluar las propiedades:

Sea adaptable cuando busque grandes ofertas. Utilice Internet, lea los anuncios clasificados y contrate a alguien para que le encuentre las mejores propiedades. Los perros guía de bienes raíces pueden ayudarle a encontrar valiosas pistas de inversión a cambio de una tarifa de referencia.

El resultado final:

Encontrar y evaluar propiedades comerciales no se trata sólo de los vecindarios agrícolas, obtener un gran precio, o enviar señales de humo para atraer a los vendedores. En el fondo, hay una comunicación humana básica. Se trata de construir relaciones e interactuar con los propietarios, para que se sientan cómodos hablando de los buenos negocios - y hacer negocios con usted.

Los bienes raíces son un negocio de personas. Mientras que trabajar con los clientes puede traer muchas recompensas, también hay algunos dolores de cabeza. A veces, un agente de bienes raíces se encuentra en una situación en la que tiene que lidiar con un cliente difícil que no es realista, exigente o simplemente grosero. Sin embargo, sólo teniendo éxito en el trabajo con esos clientes, un agente se ganará el título de un profesional real.

Cada cliente es diferente. Sus prospectos son individuos con diferentes personalidades, así que un agente inmobiliario exitoso necesita tener la habilidad de identificar estos tipos de personalidad. Por supuesto, es difícil complacer a todo el mundo, pero si conoces los tipos de personalidades con las que trabajas, estarás mejor preparado para tratar cualquier asunto y tener clientes satisfechos. Aquí hay 6 tipos de clientes difíciles y algunos consejos para los agentes de bienes raíces sobre cómo manejarlos:

Tipos de clientes negativos

Saberlo todo: Estos clientes creen que conocen el mercado inmobiliario mejor que usted y son muy críticos con sus recomendaciones, convencidos de que saben lo que hacen. Lo que ellos perciben como "conocimiento" puede finalmente interponerse en el camino de hacer tu trabajo.

El cliente negativo: Pesimista y desalentador. Encontrarán algo malo en todo; ya sea en lo que les muestres o en tus recomendaciones sobre cómo vender su casa. Pueden ser irrazonables y difíciles de negociar.

Gente complaciente: A diferencia del cliente negativo, un complaciente es agradable y odia decir algo negativo. Estos clientes siempre dicen "sí" pero son lentos para cumplir. Esto se interpone en el camino de dar al agente inmobiliario una respuesta honesta.

El "no hacer nada": Estos clientes no dicen mucho ni dan retroalimentación. Su primera respuesta a tus preguntas suele ser "No lo sé". Como son inciertos, pueden decirte una cosa en la llamada pero luego tienen una opinión diferente. Esto puede convertirse en un obstáculo para la comunicación y puede impedirte encontrar la casa de sus sueños.

El cliente despotrica y despotrica: Fuertes, insistentes y exagerados sobre cualquier cosa. Por ejemplo, podrían decir "¿Estás loco? ¿Cómo puedes poner mi casa en una lista a un precio tan bajo?" Estos clientes de bienes raíces necesitarán un minuto para despotricar y exigir una acción inmediata. Tales características podrían crear tensión entre usted y su cliente.

El cliente agresivo: Este cliente siente que sus necesidades deben ser lo primero y actúa como si no tuvieras otros clientes. Harán un seguimiento constante a través de textos, correos electrónicos y mensajes de voz antes de que hayas tenido la oportunidad de evaluar la situación o hacer una lista de casas para visitar.

Capítulo 4:

Cómo encontrar asociaciones de bienes raíces:

Una guía para la financiación de los propietarios

Pedirle a un vendedor que lo ayude a comprar su casa o bienes raíces comerciales no es aceptado por la mayoría de los propietarios de casas o incluso por sus agentes de ventas. No obstante, el financiamiento del propietario es, sin duda, una opción viable para un vendedor cuya propiedad no se vende o para un comprador que tiene problemas con las pautas tradicionales de los prestamistas.

¿Qué es el financiamiento de los propietarios?

El financiamiento del propietario (o vendedor) significa que el propietario actual pone parte o todo el dinero necesario para comprar una propiedad: en lugar de pedir una hipoteca a un prestamista comercial, el comprador toma prestado el dinero del vendedor. De esta manera, los compradores pueden financiar una transacción completamente, o tener un préstamo del vendedor y otro del banco.

El comprador y el vendedor acuerdan una tasa de interés, un pago mensual, el monto del dinero, el cronograma y otra información sobre el préstamo. El comprador entonces le da al vendedor una nota de compromiso que acepta estos términos. El pagaré suele depositarse en los registros públicos, y así ambas partes están aseguradas.

No importa si la propiedad tiene una hipoteca existente, pero debido a una cláusula de enajenación, el prestamista del propietario puede acelerar el préstamo en el momento de la venta. Generalmente, el prestamista mantiene el título de la casa hasta que el prestatario haya pagado completamente el préstamo.

Diferentes tipos de financiamiento de la propiedad

Vendedores y compradores son libres de discutir los términos de la financiación del propietario, sujeto a las leyes de usura específicas del estado y otras regulaciones locales: por ejemplo, algunas leyes estatales prohíben los pagos globales.

Aunque no es necesario, muchos vendedores esperan que el comprador haga algún tipo de pago inicial por la propiedad. Su lógica es similar a la de cualquier prestamista hipotecario: creen que los compradores con algún capital en una casa tienen menos probabilidades de incumplir los pagos y dejar que ésta entre en ejecución hipotecaria.

La financiación de los propietarios puede adoptar varias formas. Algunas variaciones incluyen las siguientes:

Contratos de terrenos

Los contratos de tierras no transfieren el título legal completo de la propiedad al comprador, pero les dan un título equitativo. Durante cierto tiempo, el comprador debe hacer pagos al vendedor. El comprador cobra la escritura después del pago final o de un re financiamiento.

Hipotecas

Los vendedores pueden llevar la hipoteca por todo el saldo del precio de compra - menos el pago inicial, que podría incluir un préstamo subyacente. Este tipo de financiación se llama hipoteca con todo incluido o escritura de fideicomiso, también famosa como hipoteca envolvente. El vendedor obtiene una anulación del interés del préstamo subyacente. Un vendedor también puede tener una hipoteca menor, en cuyo caso el comprador tomaría el título o recibiría una nueva primera hipoteca, en relación con el préstamo actual. El comprador recibe una escritura y le da al vendedor una segunda hipoteca por la diferencia del precio de compra, menos el pago inicial y la primera porción de la hipoteca.

Contratos de arrendamiento con opción de compra

Un contrato de arrendamiento con opción de compra, también conocido como alquiler con opción de compra, significa que el vendedor arrienda la propiedad al comprador, dándole un título equitativo de la misma. Al cumplir el contrato de arrendamiento con opción de compra, el comprador recibe el título completo y generalmente obtiene un préstamo para pagar al vendedor, después de recibir el crédito por todos o parte de los pagos de alquiler para el costo original.

Beneficios de la financiación del propietario para los compradores

Los compradores que opten por la financiación por el propietario pueden disfrutar de varias ventajas:

Poco o nada de calificaciones

La definición del vendedor de los requisitos del comprador, por lo general, es menos estricta y más flexible que las calificaciones decididas por los prestamistas tradicionales.

Financiamiento a la medida

A diferencia de los préstamos tradicionales, los vendedores y compradores pueden elegir entre varias opciones para el reembolso del préstamo, como sólo interés, amortización a tasa fija, menos de interés o un pago global -si el estado lo permite- o incluso una combinación de éstas. Las tasas de interés durante el plazo del préstamo pueden ajustarse periódicamente o permanecer en una sola tasa.

Flexibilidad del pago inicial

Los anticipos son negociables. Cuando un vendedor necesita un anticipo mayor que el que posee el comprador, los vendedores también pueden exigir a los compradores que hagan pagos periódicos de una suma global para el anticipo.

Reducir los costos de cierre

No hay puntos de préstamo o descuento sin un prestamista institucional, y no hay gastos de originación, tramitación, administración, o cualquiera de las diversas comisiones que los prestamistas cobran con frecuencia, lo que también ahorra dinero en los gastos de cierre del comprador.

Rápida adquisición

Dado que los compradores y vendedores no esperan a que un prestamista tramite el financiamiento, los compradores pueden cerrar más rápidamente y obtener la propiedad antes que con un préstamo convencional.

Beneficios del financiamiento de los propietarios para los vendedores

Cuando se habla de situaciones de financiamiento para los propietarios, también surgen una serie de ventajas para los vendedores:

Ingresos mensuales

Los pagos de un comprador aumentan el flujo de efectivo mensual del vendedor, lo que resulta en un ingreso prescindible.

Un mayor precio de venta

Debido a que el vendedor ofrece la financiación, puede solicitar el precio de lista íntegro, o más alto.

Una tasa de interés más alta

El préstamo financiado por el propietario puede aportar un tipo de interés más alto, que el que recibiría un vendedor en una cuenta del mercado monetario u otras formas de inversión de bajo riesgo.

Las reducciones de impuestos

El vendedor podría pagar menos impuestos en una venta a plazos, declarando sólo los ingresos obtenidos en cada año natural.

Una venta más rápida

Ofrecer financiamiento a los propietarios es una forma de destacar del mar de inventarios, atrayendo un conjunto diferente de clientes y vendiendo propiedades que de otra manera serían difíciles de vender.

Por muy ventajoso que sea, el financiamiento de los propietarios es muy complejo. Ni el comprador ni el vendedor deben depender exclusivamente de sus respectivos agentes inmobiliarios, sino que deben contratar a abogados especializados en bienes raíces para que les ayuden a negociar la transacción, asegurándose de que su arreglo se ajuste a todas las leyes estatales, cubra cualquier riesgo y proteja a todas las partes por igual.

VENTAJAS DE TENER UN SOCIO: CÓMO ENCONTRAR UNA SOCIEDAD INMOBILIARIA

Una parte sustancial de los nuevos empresarios que consideran entrar en la industria inmobiliaria tienden a temer lo desconocido. Ir solo en la industria puede ser aterrador y a menudo desalienta a cualquiera a tomar una decisión de inversión válida. Aprender a encontrar un socio inversionista en bienes raíces puede ser una habilidad lucrativa para inversionistas de cualquier nivel.

Incluso los más brillantes y exitosos inversores inmobiliarios aprenden algo nuevo cada día. Es casi imposible conocer todos los aspectos de una inversión y la mejor manera de administrarla sin ayuda. Algunas ventajas de tener un socio incluyen:

1. Más experiencia

2. Delegación de tareas

3. Fondos adicionales

4. Riesgos divididos

5. Nuevos contactos

Alguien que busca un socio inmobiliario se beneficiará del proceso cuando trabaje con las personas adecuadas. Es común que un novato busque un socio con más experiencia. Cuando se trata de hacer inversiones adicionales en casas en venta, los socios también son excelentes para generar más fondos. Esto da una forma de dividir el riesgo entre múltiples grupos. Un último beneficio de establecer una colaboración inmobiliaria son las conexiones adicionales que se pueden adquirir. Mucha gente tiene vastas listas de conocidos, socios comerciales y corredores en la industria de la vivienda que son muy útiles.

Dónde encontrar un socio

Encontrar a alguien con quien trabajar en casi todas las grandes ciudades de EE.UU. es relativamente fácil. Algunos agentes inmobiliarios hacen negocios con inversores para ganarse la vida aparte de su trabajo diario a tiempo completo. Asociarse con un profesional que asiste a un club de inversión inmobiliaria en una ciudad local puede abrir más puertas. Colocar un anuncio solicitando la asistencia de un socio en un sitio web de buena reputación para la industria de la vivienda puede producir algunos buenos prospectos en general.

La formación de empresas de bienes raíces

Se está volviendo más común entre los inversionistas llegar a un acuerdo por escrito juntos y hacer una LLC u otro tipo de acuerdo. Aunque es importante entender los impuestos, también es importante reconocer las legalidades de trabajar juntos y las leyes estatales y federales relativas a un negocio de bienes raíces. También es mejor utilizar los servicios de un abogado para establecer un acuerdo de trabajo con otra parte antes de firmar cualquier documento. Asegurarse de que una estrategia de salida está en marcha ayudará a romper la relación en caso de que no funcione como se espera. La división de la propiedad y el rendimiento de la inversión deben estar claramente definidos. Tener una mentalidad positiva, completar las tareas cotidianas y trabajar en pos de los objetivos de la asociación puede crear una atmósfera saludable para cualquier inversor.

LA ALTERNATIVA DE ENCONTRAR SOCIEDADES? SER UN INVERSOR INDEPENDIENTE

Piensa en los inversores más importantes de la historia. La mayoría de ellos son inversores hechos a sí mismos. ¿Quién es un empresario hecho a sí mismo? Es una persona que tiene ideas muy interesantes, una amplia experiencia en el campo, y que, en la mayoría de los casos, apuesta por todo lo que tiene, y ha tomado algunas decisiones inteligentes para lograr sus objetivos. Normalmente, este tipo de persona tiene un plan muy detallado y lo sigue servilmente.

Si realmente tienes el "poder" de hacerlo, hazlo.

Cada una de estas personas tienen algunas características en común, algunos conceptos clave para la inversión que ayudaron a hacerlos multimillonarios. Junto con todos los grandes secretos de la vida, este está oculto a plena vista. De hecho, estos inversionistas multimillonarios que se hicieron a sí mismos...

1. No diversificar

Considere cuál es su principal fuente de generación de riqueza: su carrera. Probablemente no se ha diversificado en su profesión en absoluto. Incluso si has probado muchas carreras diferentes, nunca hiciste algunas a la vez. Y, aunque estés haciendo más de un trabajo, es muy probable que pases la gran mayoría de tu tiempo en sólo uno de ellos, y que sólo uno proporcione la gran mayoría de tus ganancias.

¿Por qué debería ser diferente la inversión?

2. Evitar el riesgo

Si quieres ser un buen inversor, siempre debes cuantificar todos los riesgos y hacer planes de negocios transparentes.

Rápidamente podrás planificar tu trabajo y tu futuro en las inversiones comerciales e inmobiliarias. Mantente informado y prepárate para invertir después de estudiar.

3. No me importa lo que piensen los demás.

Mucha gente tiene una idea de hacia dónde se dirige el mercado. Pero nunca hablan de lo que están comprando o vendiendo. Simplemente lo hacen.

Piensa por ti mismo, evita el riesgo, y no intentes diversificarte en un montón de inversiones que no entiendes.

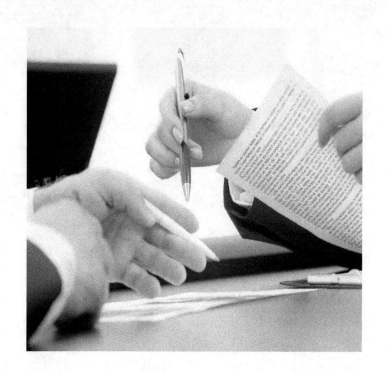

Capítulo 5:

Ventajas fiscales de los inmuebles comerciales

A diferencia de los bonos, las acciones y otros productos financieros, el negocio de los bienes raíces comerciales es conocido por los diversos beneficios fiscales de los que pueden beneficiarse los inversores en bienes raíces. Estos beneficios pueden hacer una gran diferencia en los ingresos, especialmente a largo plazo. Sin embargo, para aprovechar los beneficios fiscales de los bienes raíces comerciales, es necesario saber cuáles son y cómo funcionan. Las formas más comunes de reducción de cuentas de impuestos para los inversionistas pueden ser:

- Deducciones de Ingresos Comerciales Calificados (QBI)
- Gastos de intereses Deducción de impuestos
- Deducción de la depreciación para el impuesto sobre la renta
- Los programas LIHTC, HTC y NMTC
- 1031 Intercambios por el aplazamiento del impuesto sobre las ganancias de capital
- Usar las pérdidas de los impuestos sobre la propiedad inmobiliaria a su favor
- Beneficios fiscales de los bienes raíces comerciales vs. IRA para la jubilación

122

- Deducción fiscal no hipotecaria
- Reducción de la carga fiscal para los beneficiarios
- Zonas de Oportunidad

Deducciones de Ingresos de Negocios Calificados (QBI):

La deducción de Ingresos de Negocios Calificados (QBI) es otra compleja deducción que los inversionistas de bienes raíces comerciales pueden hacer en los impuestos sobre la renta. La exención del QBI cubre los ingresos de fuentes pasivas y permite a los individuos elegibles deducir el 20% de los ingresos elegibles. Sin embargo, es algo difícil determinar cuánto puede utilizar.

Algunas restricciones incluyen el 50% del pago del W-2 o, el 25% del pago del W-2, con el 2,5% del sitio depreciado de la propiedad en cuestión. La mayoría de las veces se utiliza el segundo cálculo, y la mayoría de las inversiones del CRE son hechas por algunos empleados de la SPE si es que hay alguno. También hay que señalar que las ganancias de capital por la venta de activos comerciales no se consideran ingresos exentos de la CRE.

Deducción fiscal de los gastos de intereses:

Los inversores pueden depreciarse más rápidamente en forma de amortización de la deuda, pero una serie de análisis de costos compartidos puede ayudar a acelerar la depreciación. De hecho, las nuevas disposiciones de la Ley de Empleo y Recortes de 2017 pueden eximir a algunos inversores del primer año de depreciación de la propiedad hasta el 100% del valor del activo.

Deducción por depreciación para el impuesto sobre la renta:

Al igual que con otros activos físicos, los bienes inmuebles comerciales se agotan con el tiempo. Esto permite a los inversores deducir una cierta cantidad del impuesto sobre la renta cada año. El IRS ahora permite a los propietarios reducir las casas por 27,5 años y los edificios comerciales por 39 años. Por ejemplo, si un inversionista compra 5 millones de dólares en espacio de oficina, puede recibir 128.000 dólares en depreciación anualmente. La depreciación es buena para los inversionistas, pero hay mucho que un inversionista puede hacer para cubrir una depreciación significativa en un corto período de tiempo. En muchas situaciones, los inversores pueden solicitar un análisis de depreciación a una empresa de ingeniería que identifique diferentes partes de un activo en tan sólo cinco o diez años. Por ejemplo, en el ejemplo anterior (por ejemplo, los tejados y los componentes eléctricos), un activo de 1 millón de dólares podría depreciarse en diez años, y el propietario podría considerar la posibilidad de reducir esa parte del activo en 100.000 dólares. Esto resulta en una reducción de 202.000 dólares por año durante los primeros diez años y 102.000 dólares por año durante los 29 años restantes. Los estudios de costos compartidos pueden utilizarse para muchas características familiares y empresariales, pero normalmente se utilizan para las de múltiples familias.

Depreciación: muy necesaria

Aunque la depreciación tiene muchos beneficios, el IRS puede recuperarlos si los inversores venden activos en forma de recuperación de la depreciación. La recuperación de la depreciación se desencadena cuando un inversor vende un activo sobre una base de costos ajustados que es menor que la deducción de la depreciación del costo original del activo. Por ejemplo, si un inversor vende más de 4 millones de dólares después de diez años (el precio original se estima en 5 millones de dólares, entonces la depreciación es de 1 millón de dólares), la depreciación comenzará a cobrarse. Por esta razón, los inversores deben pagar el impuesto sobre la renta regular sobre el precio de venta de la propiedad, en lugar de reducir la tasa de impuesto sobre las ganancias de capital.

Deducciones fiscales por gastos de intereses:

Un importante beneficio fiscal de los bienes raíces comerciales es que se puede deducir el interés pagadero en las hipotecas comerciales del impuesto hipotecario federal. Por ejemplo, si un prestamista de bienes raíces comerciales paga 10.000 dólares al mes por los pagos de la hipoteca y 2.000 dólares de ese interés, el interés de la hipoteca es deducible en alrededor de 24.000 dólares ese año. Esto es particularmente relevante si el prestatario tiene acceso a préstamos de alta tasa de interés, como los préstamos de construcción.

Los programas LIHTC, HTC y NMTC:

Junto con el plan de la Zona de Oportunidad, el programa LIHTC (Low-Income Home Tax Credit) del gobierno federal permite a los inversores con bajos ingresos y activos cualificados estar exentos del impuesto federal sobre la renta. En algunos casos, puede vincular su programa LIHTC con un programa de zona de oportunidad para aumentar sus ingresos. Otros programas de crédito fiscal ampliamente utilizados incluyen el programa de Crédito de Impuestos Históricos (HDC) y planes de préstamos de crédito que proporcionan créditos fiscales basados en un porcentaje de los costos elegibles utilizados para la rehabilitación de edificios comerciales históricos. En general, estos créditos fiscales son competitivos y suelen ser utilizados por empresas y fondos, más que por inversores individuales.

A este respecto, es importante que los inversores en bienes raíces comerciales consulten con profesionales experimentados en materia de impuestos para comprender mejor cómo funciona cada uno de estos incentivos fiscales. Los impuestos sobre los bienes raíces son muy complejos, y una gran cantidad de trabajo sobre los productos y la documentación puede ahorrar más dinero a largo plazo.

1031 Intercambios para el aplazamiento del impuesto sobre la plusvalía:

El Intercambio 1031 es otro método muy útil que puede ser utilizado para beneficiar a los inversionistas de bienes raíces comerciales. La transacción 1031 permite a los inversionistas de bienes raíces comerciales aplazar el pago del impuesto sobre las ganancias de capital al IRS e intercambiar activos por otros bienes raíces comerciales "similares" dentro de un cierto período de tiempo. Una propiedad similar debe ser al menos tan buena como la propiedad inicial y no debe ser una casa unifamiliar usada como residencia privada del propietario. Sin embargo, los tipos de bienes inmuebles a ser intercambiados no tienen que ser los mismos. Por ejemplo, un apartamento/propiedad de venta al por menor multiuso puede ser intercambiado por un centro comercial. Sin embargo, el intercambio 1031 no permite a los inversores posponer innecesariamente las ganancias de capital. Cuando se vende un nuevo inmueble, los inversores tienen que pagar todos los impuestos. Sin embargo, nada impide a los inversores vender bienes raíces y participar en otro intercambio en el 1031.

Usar las pérdidas de los impuestos de bienes raíces para su ventaja:

En general, hay tres clasificaciones diferentes de contribuyentes de bienes raíces comerciales a las pérdidas de alquiler. Inversionistas de bienes raíces comerciales por debajo de $ 100.000 por año: estas personas pueden perder un ingreso de hasta $ 25.000. Por ejemplo, si un inversor gana 90.000 dólares al año y pierde más de 25.000 dólares al año, su ingreso imponible para ese año puede reducirse a 65.000 dólares. Cualquiera que gane hasta 100.000 dólares y hasta 150.000 dólares puede recibir una deducción, pero no tanto como aquellos que ganan menos de 100.000 dólares. Si un inversionista de bienes raíces comerciales gana $ 150.000 o más por año, no hay ninguna deducción relacionada con la pérdida de bienes raíces comerciales.

Beneficios fiscales de los bienes raíces comerciales vs. IRA para la jubilación:

A diferencia de las IRA, que se gravan con la tasa impositiva personal normal del inversor cuando se retira el fondo, cuando los prestamistas venden propiedades comerciales suelen pagar un impuesto sobre las ganancias de capital más bajo que el impuesto sobre la renta personal, al menos para la mayoría de los inversores. Tenga en cuenta, sin embargo, que esto no se aplica al IRA Roth.

Deducción de impuestos no hipotecarios:

Los inversionistas de bienes raíces corporativos y multifamiliares, además de los gastos de intereses hipotecarios, pueden deducir el impuesto sobre la renta de las reparaciones de la propiedad, el mantenimiento, ciertos costos de administración de activos y muchos gastos operativos. Esto incluye gastos de hotel, gastos de ida y vuelta para propiedades de alquiler, y el 50% de las bebidas y alimentos. Los inversionistas también pueden deducir las inversiones en propiedades para gastos relacionados con seminarios, conferencias y otros eventos educativos similares. Sin embargo, las mejoras generales de la propiedad como la renovación y el mobiliario nuevo, en general, no se pueden considerar exentas para el año en que se produzcan.

Expertos en bienes raíces comerciales:

Si usted es considerado un profesional de bienes raíces comerciales designado por el IRS, no hay límite al número de pérdidas de bienes raíces que puede recibir en un año. Para calificar, una persona debe trabajar por lo menos 750 horas al año en puestos relacionados con los bienes raíces, como administradores de bienes raíces, corredores, agentes e inversionistas. Además, normalmente tienen que trabajar en este puesto más tiempo que en cualquier otro. Debido a las ventajas fiscales de ser un profesional de bienes raíces, algunos inversionistas han decidido abandonar sus empleos de tiempo completo para dedicarse a la administración de patrimonios e inversiones de tiempo completo.

Reducción de la carga fiscal para los beneficiarios:

Los propietarios de propiedades comerciales no sólo tienen créditos fiscales, sino que también tienen importantes ventajas fiscales para sus herederos. Por ejemplo, si un inversionista compra una propiedad comercial por 3 millones de dólares y el valor se eleva a 4,5 millones de dólares antes de que el inversionista muera, los beneficiarios del inversionista tendrán 1,5 millones de dólares en activos totales en lugar de 4,5 millones de dólares. Todo lo que tienes que hacer es pagar impuestos. Esto puede ahorrar cientos de miles de dólares.

Zonas de Oportunidad:

El programa de Zona de Oportunidad fue creado bajo la Ley de Reducción de Impuestos y Empleo de 2017 y está diseñado para promover la inversión en comunidades de bajos ingresos en todo Estados Unidos. Hasta el 31 de diciembre, las ganancias de capital calificadas serán pospuestas, permitiendo que su fondo invierta en vehículos especialmente financiados, sus activos serán al menos el 90%, los bienes raíces comerciales y las características calificadas serán 8700. Además, los inversionistas pueden reducir su base impositiva de ganancias de capital en un 10% si mantienen inversiones por lo menos durante cinco años antes del 31 de diciembre de 2026. Los inversores pueden reducir sus ganancias de capital imponibles subyacentes en un 5% adicional si han invertido durante al menos siete años.

Capítulo 6:

¿Cómo aumentar el capital?

¿Sabes cómo funcionan las finanzas inmobiliarias? Invertir en bienes raíces se ha convertido en la definición del "sueño americano". El sector inmobiliario está en pleno auge, y no hay razón para que la gente no pueda participar en esta actividad. Las dificultades para entrar en el campo son mínimas; todo lo que se necesita es la cantidad correcta de interés, un poco de diligencia debida y la mejor educación en bienes raíces.

Lo más importante en el sector inmobiliario es el capital. Invertir en bienes raíces requiere capital, pero no es esencial que ese capital sea suyo. De hecho, no tienes que invertir tu propio dinero. Es totalmente posible invertir en bienes raíces usando el dinero de otras personas o gracias a lo que yo llamo OPM. Si al principio el dinero no es tuyo, debes desarrollar estrategias para atraer a otros interesados en financiar tus actividades inmobiliarias. Debes tratar de venderte a todos los inversores.

De hecho, los capitalistas de riesgo están dispuestos y son capaces de prestar dinero a aquellos que obtienen algún beneficio. Si decides aceptarlo, tu objetivo es hacerles conscientes del valor de la inversión. Debe convencer a los inversores de capital de riesgo de que usted vale su tiempo y su dinero. Usted debe aprender lo que los inversionistas de capital de riesgo quieren de los inversionistas correctos.

Una empresa es fundamental en el desarrollo y la financiación de grandes proyectos inmobiliarios.

Métodos financieros para invertir en cuatro formas diferentes de bienes raíces:

Las iniciativas de bienes raíces pueden requerir más dinero que cualquier otra cosa. Se podría argumentar que la recaudación de fondos para las transacciones inmobiliarias es muy importante y esencial. Por lo tanto, los inversores necesitan conocer las formas más eficientes no sólo para obtener los fondos adecuados, sino también para hacerlos fácilmente accesibles. No es difícil aprender a recaudar capital. Muchos prestamistas esperan que los deudores de buena reputación paguen. Los inversores necesitan saber dónde buscar.

Cuentas de jubilación:

Es posible invertir en bienes raíces usando una cuenta personal de retiro (IRA). A través del Servicio de Impuestos Internos (IRS), los titulares de las cuentas elegibles pueden enviar sus ahorros a inversiones inmobiliarias. Por supuesto, el titular de una cuenta debe tener un tutor que quiera que el dueño de la cuenta administre sus activos.

Los inversionistas pueden usar los fondos de sus cuentas de retiro para comprar bienes raíces mientras que sus cuentas son autogestionadas. Todas las ganancias obtenidas deben ser devueltas a la cuenta original. Sin embargo, las ganancias pueden aumentar los impuestos diferidos. Por lo tanto, los inversionistas no podrán gastar dinero inmediatamente, pero el alivio fiscal resultante aumentará su rentabilidad.

Notas de colocación privada:

Las notas de colocación privada siguen siendo la mejor fuente de financiación. Los consejos de empleo privado son similares a las ofertas privadas. Sin embargo, las colocaciones privadas, en particular, ofrecen a los promotores inmobiliarios la oportunidad de obtener capital mediante la venta de valores a otros inversores.

Individuos y pagadores individuales:

Los prestamistas de dinero contante y sonante son prestamistas semi-institucionalizados a los que generalmente se les permite prestar a los necesitados. Los prestamistas privados, por otro lado, tienden a acceder e invertir en capital. Existen sutiles diferencias entre estos dos tipos de prestamistas, pero siguen siendo las fuentes de financiación más populares.

Como su nombre indica, los prestamistas de dinero privados y los privados no están sujetos a la misma "burocracia" porque no están afiliados a los bancos institucionales. Por el contrario, estos prestamistas tienden a trabajar solos y suelen tener dificultades para prestar a los necesitados. Estos prestamistas pueden ofrecer préstamos a corto plazo y con altos intereses a los inversores, principalmente sobre la base de una propiedad significativa. Los prestamistas privados y de divisas toman decisiones basadas en el préstamo, dependiendo de si la propiedad en cuestión es una inversión valiosa. Esto significa que los inversionistas no necesitan tener el puntaje crediticio correcto para obtener la aprobación, pero necesitan tener una buena ética de trabajo.

A cambio de dar acceso a su capital, la mayoría de los prestamistas privados y en efectivo requieren alrededor de un 12-15% de interés y algunos puntos adicionales (interés de prepago). Aunque sus tasas de interés son mucho más altas (casi tres veces) que las de los bancos tradicionales, es comprensible que estos prestamistas puedan dar a los inversores un acceso inmediato al capital. Por otro lado, puede tomar un mes o dos para que un banco provea los fondos. Se pueden perder muchas oportunidades antes de obtener dinero de un banco. Por lo tanto, el ritmo de ejecución proporcionado por las instituciones de crédito privadas y particulares ha facilitado mucho la financiación de las transacciones inmobiliarias.

Aunque tradicionalmente no se considera una fuente de financiación, la práctica general se ha ganado una reputación al asignar una financiación relativamente rápida a los inversores interesados. Lo más importante es que ni siquiera se necesita financiación inicial para utilizar la asignación estratégica de los contratos. Es totalmente posible hacer dinero en sólo unas pocas horas sin utilizar los fondos de un inversor totalmente ejecutado. Incluso si no son una fuente tradicional de financiación, las ventas al por mayor pueden ciertamente ayudar a los inversores interesados en financiar transacciones inmobiliarias.

Cómo proteger el capital de inversión en bienes raíces:

Para recaudar dinero para una transacción de bienes raíces, es necesario saber dónde los inversionistas pueden encontrar recursos. Una vez que sepas dónde conseguirlo, necesitas saber cómo ahorrar dinero. Como resultado, los inversionistas necesitan aprender dónde encontrar el dinero que necesitan. Como dije, innumerables prestamistas están esperando para prestar a los inversionistas de hoy. Sin embargo, es responsabilidad del inversor demostrar que él o ella vale la inversión.

Eche un vistazo a algunos de los aspectos más importantes que los capitalistas de riesgo y los prestamistas privados de dinero buscan cuando quieren recaudar dinero para una empresa de bienes raíces:

- Muestra tu experiencia.
- Definir la estructura del grupo.
- Explica los beneficios de las oportunidades.
- Experiencia vivida.

La experiencia de establecer credibilidad juega un papel importante en la recaudación de fondos para la inversión inmobiliaria.

Teniendo esto en cuenta, ¿cómo pueden los nuevos inversores compensar la inexperiencia? Incluso los inversores más exitosos comenzaron desde abajo. Nadie nació con años de experiencia. Por lo tanto, se alienta a los nuevos inversores a compensar su falta de experiencia en el conocimiento y la atención a los detalles. Se sorprenderá de cuánta menos diligencia y motivación se necesita. En este punto, usted necesita tener confianza. No ponga su experiencia o falta de ella en el centro de ningún trato en particular.

De hecho, los capitalistas de riesgo y los prestamistas de dinero quieren trabajar con gente que se sienta cómoda dando dinero.

Estructura del grupo:

Los mejores inversionistas saben que los bienes raíces son un negocio de talento. Todas las transacciones requieren la cooperación de al menos dos partes. Sin embargo, si quieres aprender a recaudar dinero para un negocio de bienes raíces, necesitas trabajar bien con otros, especialmente con tu propio equipo. Los prestamistas privados se centran en la confianza con el equipo y tienen una buena razón para ello. Un equipo talentoso con los líderes adecuados puede hacer casi cualquier cosa. ¿Pero qué hace que un equipo sea talentoso? Antes de que decidas proporcionar los fondos necesarios para financiar la transacción, ¿qué buscará el prestatario en tu grupo? El aprendizaje de cómo recaudar dinero para un emprendimiento inmobiliario comienza con un grupo. Antes de considerar la posibilidad de ganar dinero, asegúrate de que tu equipo tenga las siguientes cualidades:

Dedicación: Un poco más importante para un empresario que un equipo, y menos importante para un equipo. Sin compromiso, incluso los equipos de bienes raíces más talentosos pueden colapsar. Como inversionista, es de su mayor interés prohibir las obligaciones de aquellos que decidan trabajar juntos.

Pasión: Los mejores equipos muestran una gran pasión. Hay que tener en cuenta. Sin embargo, ese interés disminuye gradualmente. Para liderar un equipo apasionado, debes estar interesado en tus futuros esfuerzos. Deje que la gente sepa lo emocionado que está por el futuro de su empresa. Asegúrate de que la gente esté interesada en la idea de trabajar contigo. Al menos sabrán que tu corazón está en el lugar correcto.

Trabajo en equipo: El trabajo en equipo, a veces llamado "química", es una fuerza que lleva a un equipo a ser capaz de colaborar de una manera única, y los capitalistas de riesgo son muy conscientes de ese poder. Demuestra a los inversores que puedes trabajar bien con otros.

Flexibilidad: Los empresarios flexibles son intrínsecamente estrictos. Los inversores serios no son adaptables y son propensos a los problemas. La flexibilidad, de esa manera, le da a los inversionistas la oportunidad de pensar con los pies en la tierra. Todos los empresarios más importantes de nuestro tiempo han demostrado su capacidad de ser flexibles. Nadie puede mitigar el riesgo mejor que la capacidad de adaptarse a las condiciones cambiantes.

Diligencia: Aunque no es totalmente diferente de la curiosidad, la perseverancia la alaba. Algunos dicen que la firmeza por sí sola es lo que separa a los adultos de los grandes inversores. Todavía no se ha emitido ningún veredicto, pero la perseverancia intrínseca del equipo puede ciertamente ayudar a persuadir a otros a trabajar para usted.

Conocimiento: El conocimiento es poder, más que cualquier otro aspecto de esta lista. Este es tu activo más importante. El conocimiento reconoce si todo funciona correctamente. Uno de los atributos más importantes de los que un grupo puede presumir es la educación inmobiliaria.

"Cosmopolita": En mi opinión, si no puedes entrenar, eres un ignorante. Los hombres inteligentes no lo saben todo. El entrenamiento ayuda mucho a ganar la confianza de los demás. No sólo aprenderás, sino que si quieres admitir que te equivocas, abrirás una nueva forma de trabajar con los demás.

Una oportunidad:

Además, una de las mejores maneras de generar dinero para un emprendimiento inmobiliario es asegurarse de que los prestamistas valoren su tiempo. No hay nada mejor que convencer a un prestamista de que le pague más rápido.

Recuerde que usted es el que está recaudando dinero para la inversión inmobiliaria. Depende de ti ver si quieren darte crédito. La casa en la que vas a invertir tiene que hacer la mayor parte del trabajo. Sin embargo, haz los números tú mismo y dale al prestamista una razón para no gastar el dinero en otra parte.

En este punto, querrás expresar tus intenciones por adelantado. Díganos cuánto está buscando y qué beneficios potenciales traerá su inversión en su negocio. Depende de usted explicar todas las transacciones.

Las inversiones exitosas en bienes raíces requieren menos riesgo, y los prestamistas privados no son una excepción. No son profesionales que tiran el dinero. Quieren asegurarse de que usted pueda entregarlos.

La recaudación de fondos para la inversión en bienes raíces es un paso esencial para todos los inversionistas de bienes raíces. La propiedad en cuestión es la gran razón por la que la gente paga, pero es sólo una pequeña parte de la ecuación. Los prestamistas quieren estar cómodos con la gente que les paga. En este sentido, los prestamistas más exitosos han aprendido a identificar a los mejores inversores. Una persona que gana más dinero y devuelve los intereses. Ejerce estas características todos los días si quieres ser el prestamista de un inversor. En otras palabras, una fuente de ingresos comprobada. Así que, definitivamente se verá abrumado por todas estas opciones sobre cómo financiar el desarrollo de bienes raíces.

1.Métodos financieros para el desarrollo de bienes raíces: Financiación bancaria tradicional

Hay buenas noticias si estás considerando un préstamo bancario tradicional. Por primera vez en casi tres años, los bancos han relajado los estándares para los préstamos de bienes raíces comerciales. Esto es un incentivo para renovar los préstamos bancarios tradicionales. De hecho, los cinco bancos más grandes de América han experimentado el peor trimestre en los últimos 20 años. La afluencia de préstamos hipotecarios se redujo a 87.000 millones de dólares en el primer trimestre de 2018, frente a los 110.000 millones del trimestre anterior. El prestamista evalúa los activos del solicitante, su historial de crédito y la relación deuda/ingresos analizando varios documentos:

a) Estado de cuenta bancario: Determina si hay cargos por saldo que pueden durar varios meses en caso de emergencia.
b) Historial de crédito: Evalúa el riesgo de exposición a deficiencias como ejecuciones hipotecarias previas.
c) Últimas nóminas: Mide sus ganancias actuales. Los solicitantes que trabajan por cuenta propia o tienen otras fuentes de ingresos pueden presentar pruebas

utilizando formularios como el 1099 o el de depósito directo.

d) Formulario W-2 e Ingresos tributarios: Asegura la consistencia entre el ingreso anual y el ingreso reportado en la nómina e identifica los cambios en el ingreso.

e) Hasta el final: Mínimo crédito, excelente puntaje de crédito, ingresos buenos y estables, y paciencia para manejar el papeleo.

f) Si cumple con todos estos requisitos y paga tarifas bajas (alrededor del 20-25% del precio de compra), definitivamente se beneficiará de préstamos bancarios de menor tasa de interés.

g) 2. Sistema financiero para el desarrollo de bienes raíces: Préstamo de la Cooperativa de Crédito

h) A medida que la cuota de mercado hipotecario del banco se redujo, su participación aumentó del 8% en el segundo trimestre de 2016 al 10% en el segundo trimestre de 2017. Las cooperativas de crédito, como los bancos, ofrecen opciones claras y justas. Una de las características clave que diferencian a los bancos de las cooperativas de crédito es el servicio al cliente. Los bancos tienen tasas de satisfacción del cliente más bajas que las cooperativas de crédito, ocupando el puesto 82 de 100 en el Informe de Satisfacción del Cliente de 2017. Debido a que los bancos suelen tener más sucursales y avances tecnológicos, dice. Puede haber muchos contactos para los miembros de las cooperativas de crédito. Sin embargo, este es un tema especial para los solicitantes de préstamos debido a los requisitos adicionales de membresía.

Dos importantes atractivos que dan a las cooperativas de crédito una ventaja sobre los bancos son:

Exento de impuestos para las organizaciones sin fines de lucro.

Reduciendo las comisiones a pesar de que los tipos de interés son más altos que los bancos.

Además, a diferencia de los prestamistas sin depósito, un proveedor puede acceder a múltiples servicios como;

- Línea de crédito sobre el capital de la vivienda (HELOC).
- Préstamos sobre el capital de la vivienda.

Hipotecas.

Además de mantener estas cuentas, establecemos relaciones con instituciones financieras y registramos información financiera. Se puede obtener una aprobación previa permanente para la financiación secundaria.

1. Financiamiento para el desarrollo de bienes raíces: Préstamos inmobiliarios entre pares

Se prevé que el mercado mundial de préstamos entre pares aumente constantemente de 26.064 millones de dólares en 2015 a 460.312 millones de dólares en 2022.

El mercado central pone en contacto a los prestamistas (particulares e inversores) con los prestatarios a través de servicios en línea. A diferencia de los bancos, los gastos generales (personal, otras líneas de negocio, redes de sucursales) son muy bajos, lo que significa que los préstamos B2B son sorprendentemente bajos. Por supuesto, se necesita un buen puntaje crediticio, pero aún así se puede obtener un puntaje más bajo que perfecto.

Evalúe estas características cuando analice la mejor plataforma de préstamos entre pares.

Se requiere una cuota de participación prepagada.

- Protección de datos como las instituciones financieras.
- Política de privacidad de la información personal.

2. Cómo recaudar capital para el crecimiento de los bienes raíces: Comprar bienes raíces con préstamos de la FHA

Si decides pedir un préstamo a un banco tradicional con requisitos más limitados, puedes obtener un préstamo de la Administración Federal de la Vivienda (FHA). Aquí, un comprador de vivienda por primera vez se beneficia de tasas más bajas. La FHA garantiza estos préstamos, por lo que los prestamistas ofrecen términos generosos. Los prestatarios pueden beneficiarse de la protección de préstamos de la FHA que no se encuentra en las hipotecas tradicionales. Pero aún así se basa en su historial de crédito. Se requiere una puntuación mínima de 580 en la FICO para calificar para un 3.5% de descuento. Un puntaje crediticio más bajo significa un 10% de costos de pago más altos. Si utiliza la deuda para establecer propiedades familiares múltiples, puede vivir en una unidad y alquilar la otra.

3. Sistema de financiamiento para el desarrollo de bienes raíces: Préstamo de Dinero Duro

En el segundo trimestre de 2018, cayeron 48.768 viviendas en condominio y unifamiliares en los Estados Unidos (la caída es una vivienda que se negocia dos veces entre vendedores y compradores no relacionados en un plazo de 12 meses). El 38,6% de esas viviendas se compraron con financiación de la vivienda.

Los préstamos bancarios tradicionales suelen tardar en ser aprobados y se basan en el puntaje crediticio del prestatario. Afortunadamente, los préstamos en efectivo están garantizados por los bienes inmuebles que se compran. Esto acelera la aprobación sin necesidad de requisitos extensos. Sin embargo, es más probable que pague por adelantado el proceso de préstamo (un precio más bajo que tiene que pagar por un préstamo que es el 100% del precio de compra de la casa). Las tasas de interés son generalmente más altas que las de los préstamos bancarios tradicionales.

Capítulo 7:

¿Cómo obtener lo mejor de los alquileres y los ingresos pasivos?

Ganar dinero con el trabajo diurno añadirá valor a su red. Puede que hayas oído hablar de los ingresos pasivos. El alquiler de bienes raíces es la norma. Pero antes de entrar, hay algunas cosas que debes aprender sobre el alquiler de bienes raíces como fuente de ingresos pasivos. Vamos a analizarlas.

Cómo obtener un ingreso pasivo de las propiedades en alquiler:

Primero, consigue un registro directo de los ingresos pasivos. El ingreso pasivo es un ingreso derivado de fuentes que requieren un esfuerzo mínimo. Algunos ejemplos son las inversiones en acciones y bonos o el rendimiento de los bienes raíces. En general, el ingreso pasivo es el mejor: puede ayudar a aumentar los beneficios de la jubilación, fomentar la jubilación anticipada o cumplir con los objetivos de creación de riqueza más rápidamente. Hay muchas maneras de invertir en bienes raíces en este momento, pero hablemos de las más populares, especialmente en lo que respecta a la renta y los ingresos pasivos. Una vez que empiece a alquilar, las propiedades de alquiler son una fuente importante de ingresos pasivos. No es completamente pasivo, ya que el inicio requiere cierto esfuerzo (especialmente si necesita refrescar el inicio para planificar el alquiler). Sin embargo, puede proporcionar ingresos mensuales sin participar diaria y directamente

Cómo:

Si estás comprando una propiedad para alquilar y eres nuevo en los juegos de alquiler, encuentra un punto medio razonable y estable. Pedir prestados cientos de miles de dólares para "invertir" en bienes raíces nunca es una buena idea! Si es posible, compre una con un 70% de descuento sobre el valor actual del mercado. Intento invertir tanto como sea posible y ganar dinero.

Dónde comprar:

En general, las buenas escuelas y casas en zonas de renombre tienen una calificación más alta que las propiedades de bajo precio (como apartamentos y condominios). Busque propiedades en áreas fuertes donde los precios de las casas han aumentado a lo largo de los años. Los inquilinos responsables no deben dañar el lugar o volverse impredecibles cuando se hagan los pagos. Las propiedades cercanas al transporte público y a las principales carreteras son generalmente populares entre las compañías de arrendamiento. Tenga cuidado con las grandes corporaciones que se mueven a zonas de la ciudad y abren oficinas y otras fábricas. No es deseable tener su primer alquiler en un lugar donde no se puede comprobar regularmente el estado de su propiedad. Si es así, la propiedad tiene que ser manejada por otra persona (le diremos más sobre eso más adelante). Sin embargo, en algunas circunstancias puede ser gratificante si elige una ciudad con un buen mercado de alquiler y un crecimiento justo del empleo.

Qué comprar:

Debes decidir qué comprar y qué alquilar. ¿Necesitas un apartamento que dure mucho tiempo? ¿O quieres una casa que piensas vender en un par de años para obtener un beneficio? La ejecución de la hipoteca es una gran manera de comprar una propiedad de inmediato. Sin embargo, en general, debe evitar desperdiciar dinero al planear el alquiler de un lugar. Todo lo que necesitas es algo atractivo y casi listo. Si no planea administrar la propiedad usted mismo, casi todo, desde el alquiler hasta las reparaciones, quejas y desalojos serán manejados por un agente de bienes raíces. Le pagas una comisión al agente, así que te sentirás menos frustrado si estás demasiado ocupado para ocuparte de estas cosas.

Siempre hable con su agente de bienes raíces sobre cuánto debe alquilar. No esperes demasiado. El alquiler mensual debe ser adecuado para el mantenimiento, las cuotas de la HOA, el seguro de la casa, etc. ¡De lo contrario, no se le pagará!

Los inquilinos felices son simples inquilinos:

Si usted mismo administra el lugar, haga lo correcto y contacte a su inquilino cada mes para asegurarse de que no le molesten. Generalmente, los correos simples funcionan. No llames o visites cada semana sin avisar. Debe respetar su privacidad, pero no dude en contactar con él si tiene algún problema. Antes de alquilar, asegúrese de que el agua caliente y el sistema de aire acondicionado funcionan correctamente.

Cuándo invertir en propiedades de alquiler:

Antes de pensar en comprar un lugar para alquilar, no debe haber ninguna deuda. Necesita un fondo de emergencia totalmente financiado que cubra de 3 a 6 meses de gastos.

Conseguir un fondo de emergencia es realmente necesario cuando se es propietario de una vivienda para eventos imprevistos como reparaciones, alquiler no pagado, tiempos de desocupación, etc. Como he dicho, el dinero en efectivo puede ser utilizado para financiar inversiones en bienes raíces. Esto puede mantenerse después de invertir el 15% de tus ingresos mensuales en cuentas de jubilación como la 401 (k) y el IRA.

Consiga la ayuda de un experto:

Si se pregunta si una inversión de alquiler es adecuada para usted y no sabe dónde invertir, se requiere la ayuda de un buen agente inmobiliario. Si está solo, la decisión a tomar es enorme, y estas personas son expertos que pueden ayudarle a comprar y vender gracias a todo su conocimiento del mercado local.

Capítulo 8:

¿Cómo incrementar la inversión?

Para la mayoría de los inversionistas, el plan es crear un motor de ingresos pasivos y medibles. Pero tienes que darte cuenta de que no puedes hacerlo todo por ti mismo. Es difícil renunciar al control, pero la subcontratación de un negocio exitoso es esencial. Decidir cuándo renunciar al control de una responsabilidad específica de un negocio es una decisión emocional. Sin embargo, no puedes hacer nada por ti mismo. A menudo, el escalamiento es un paso adelante.

Escalamiento de la cartera:

La compra de tu primera propiedad te permite tomar todos los recursos emocionales y financieros que necesitas. Evaluar cada opción inmobiliaria y financiera, cobrar sus pagos, sentarse y firmar sobre líneas punteadas puede parecer un gran logro. La propiedad que acabas de comprar es la mayor inversión que has hecho, y si resulta buena, estarás muy orgulloso de ella. Sin embargo, si quieres ser un inversor inmobiliario, ese primer negocio inmobiliario no es el último. Es sólo el comienzo. Cuando la primera inversión comienza a dar resultados, es hora de reinvertir esas ganancias o de reinvertir en el segundo, tercero, cuarto y decimoquinto activo. No es fácil, y ¿serás capaz de crear un gran imperio inmobiliario? Aquí hay algunas grandes estrategias que te ayudarán a expandir tu reino inmobiliario como lo hacen los expertos:

-Hacer un diseño

Conducir por la ciudad y buscar carteles de "venta" en el patio delantero para encontrar una gran inversión no es la mejor estrategia. Para encontrar una gran inversión, hay que tener una visión analítica del mercado. Pero antes de hacerlo, tienes que tener claro lo que quieres. ¿Cuál es el rango de costos de una propiedad de inversión? ¿Qué rendimiento anual está buscando? ¿En qué mercado está interesado? ¿Cuál es su plan a cinco años? ¿Su plan de diez años? Los inversores interesados tienen una visión clara de lo que quieren y tienen un plan claro para llegar allí.

-Construir un mejor equipo

Expandir tu cartera de bienes raíces no es algo que puedas hacer solo. Digamos que tienes una sólida visión de la propiedad que quieres adquirir. La primera persona que quieres agregar al equipo es un agente de bienes raíces. Los agentes experimentados conocen cada detalle del mercado, entienden hacia dónde van las tendencias, anticipan las fluctuaciones y están bien conectados con la población local. Sin un buen agente, no hay cartera de bienes raíces. Mientras tanto, asociarse con agentes de bienes raíces enfocados en la inversión puede convertir rápidamente los proyectos en operaciones de campo rentables. Con el conocimiento del mercado que tiene un agente, su cartera puede crecer más rápido de lo que usted cree. Y eso fue sólo el comienzo. Necesitas un buen abogado de bienes raíces para manejar todos tus documentos. Si está enriqueciendo su propiedad de inversión, construir una relación con un contratista de confianza puede ser beneficioso.

También necesita un buen administrador de propiedades para manejar los gastos de alquiler. Como todos los grandes negocios, la construcción de un imperio inmobiliario debe ser un esfuerzo de equipo.

Finanzas:

Has terminado tu investigación, y ahora sabes qué características quieres. Has trabajado duro y has encontrado a las mejores personas con las que construir relaciones. Lo que queda ahora es la parte más importante: el dinero. Si eres uno de los pocos afortunados, tu agente tendrá suficiente dinero para empezar a escribir todos los grandes cheques de propiedad que tienes. Pero la mayoría de los inversores necesitan financiación. Hay muchas opciones de financiación disponibles para los inversores. Algunas de ellas son muy regulares, otras muy creativas:

-Deuda tradicional

Los más comunes son los préstamos regulares. Esta es la hipoteca del banco que todos conocemos. 20% de caída, tasa de interés fija, período de 30 años. La sub-porción de un préstamo tradicional suele ser un 20% menos de pago. Para la mayoría de los inversores, esto es indignante. Afortunadamente, hay opciones que requieren poco o ningún dinero.

-Dinero duro

El dinero duro es dinero privado, que explora el valor potencial de una inversión, no las calificaciones del prestatario. Si la propiedad que quieres comprar es una buena apuesta en un mercado caliente, puede que te resulte difícil financiar la compra.

Sin embargo, como puede imaginar, el dinero duro viene con condiciones muy difíciles. Todo es negociable porque es un préstamo personal, y muchos programas difíciles de pagar deben ser devueltos en un año. Las tasas de interés también varían desde las tasas del mercado hasta dos o tres veces.

-Fondo de crecimiento

Esta es una nueva e innovadora opción que puede dar grandes resultados para las campañas de marketing inteligente. El crowdfunding funciona distribuyendo grandes cantidades de inversores, a menudo a niveles muy bajos, y estimando los beneficios. Este método puede traer mucho dinero si se quiere aprovechar. Piensa en ello como la intersección entre REIT y Twitter. Expandir un portafolio de bienes raíces en un reino de bienes raíces es un gran sueño pero alcanzable. Asociarse con un agente de bienes raíces con experiencia y conocimientos hará que tu sueño se haga realidad más rápido y fácil. Si usted es serio acerca de la creación de un imperio de bienes raíces, póngase en contacto con nosotros hoy!

Capítulo 9:

El impacto de Covid-19 en los bienes raíces

Una pandemia mundial

El distanciamiento físico y social ha cambiado profundamente el modo de vida y de comunicación de las personas, y los efectos de esta pandemia han hecho disminuir la demanda de otras formas de espacio, probablemente por primera vez en la historia reciente. Esto creó una situación sin precedentes para la industria inmobiliaria. Cuanto más dure esta crisis, más probable es que veamos un cambio positivo y sostenible en el comportamiento, más allá del estado de emergencia inmediato. Para responder al desafío actual de Covid-19, y para ayudar a preparar el camino para hacer frente a lo que podrían ser ajustes estructurales después de la crisis para la industria, los líderes de la industria inmobiliaria deben tomar medidas ahora.

La mayoría centralizaría la gestión del efectivo para concentrarse en el rendimiento y ajustar la forma en que toman decisiones sobre la cartera y el gasto de capital y la mayoría de los operadores de bienes raíces fueron sabios al comenzar con decisiones que garantizan la seguridad y la salud de todos los propietarios de espacios, empleados, inquilinos, así como otros. Los más inteligentes ahora también pensarán en cómo cambiar permanentemente el panorama inmobiliario a largo plazo, y ajustarán sus estrategias.

Sin embargo, los proveedores de seguridad luchan por minimizar los riesgos de seguridad tanto para los empleados como para los consumidores. Mientras tanto, muchos propietarios y operadores de activos se enfrentan a una grave reducción de sus beneficios brutos y casi todos temen que muchos inquilinos tengan dificultades para hacer sus pagos de arrendamiento.

Durante la crisis, no todos los activos inmobiliarios se comportan de la misma manera. Los activos con mayor densidad humana parecen haber sido los más afectados: hospitales, centros comerciales regionales, alojamientos y edificios de apartamentos se han vendido significativamente. Por el contrario, las instalaciones para el auto-almacenamiento, las instalaciones industriales y los centros de datos experimentaron disminuciones menos sustanciales.

Las autoridades de salud pública podrían cambiar gradualmente los códigos de construcción para minimizar el riesgo de futuras pandemias, lo que posiblemente afectaría los requisitos de HVAC, los metros cuadrados por persona y las cantidades de habitaciones cerradas. Simultáneamente, a medida que la generación del baby boom envejece hasta el rango ideal para una vida independiente y asistida, el temor a las infecciones virales como la del Covid-19 puede alentarlos a permanecer un poco más en sus hogares actuales. La demanda de servicios de vivienda para personas mayores podría disminuir, o la empresa podría ajustarse totalmente para satisfacer las demandas de los consumidores de más espacio físico y requisitos operativos más complejos. Los primeros datos de China sugieren que empezaron a pasar al comercio electrónico debido al coronavirus, aprovechando la situación.

Los consumidores forzados a comprar en línea debido a los centros comerciales cerrados y centros comerciales pueden cambiar permanentemente sus hábitos de compra hacia el comercio electrónico para algunas categorías. Antes del brote de coronavirus, muchos consumidores ya estaban empezando a alejarse de las tiendas físicas. Es probable que esta tendencia a largo plazo se intensifique mucho más rápido después de la crisis, especialmente cuando muchas empresas que existían anteriormente se vean abocadas al fracaso o sean presionadas para reducir drásticamente su presencia. Las clases de activos bastante limitadas pueden ver una mejora en su economía, gracias a la demanda que aumenta a medida que más personas trabajan desde casa, mientras que otras clases de activos pueden tener dificultades.

¿Qué hay de los bienes raíces?

El brote de COVID-19 y la consiguiente pandemia han intensificado la necesidad de cambios estructurales, y han demostrado que quienes no han hecho esas inversiones definitivamente tendrán que adaptarse rápidamente. Pocas empresas inmobiliarias desarrollaban estrategias de análisis digital y tecnológico antes de Covid-19, pero ahora esas estrategias son esenciales. Muchas de las consecuencias inmediatas de la epidemia incluyen la necesidad de una comunicación constructiva sobre la salud y la seguridad en los entornos públicos para los clientes y los trabajadores. Tras la pandemia del coronavirus, los líderes de la industria inmobiliaria han asumido una serie de consideraciones comunes.

Los propietarios y operadores, por encima de todo, deben proteger la vida y la salud de las personas por cualquier medio justo, garantizando la seguridad de todos. Los operadores líderes deben asegurarse de reconocer completamente los intereses de los inquilinos en este momento y de asegurar a todos en su ecosistema. Estas mejoras son lo más inteligente que se puede hacer, ya que también son buenas para el negocio: los inquilinos y los usuarios del espacio recordarán su iniciativa, construyendo una gran relación de confianza.

La creatividad también debería utilizarse más a menudo, ya que no todas las prácticas de creación de efectivo tienen que implicar un recorte de gastos. Por ejemplo, algunos promotores residenciales están buscando formas creativas de liquidar nuevos inventarios, como los programas de arrendamiento con opción a compra y las colaboraciones de financiación.

Aunque puede resultar tentador sacar conclusiones reductoras sobre los efectos económicos de la pandemia de coronavirus, las correspondientes respuestas de política en todas las carteras a nivel municipal, estatal y federal pueden no ser universales. Con el fin de producir conocimientos sobre las condiciones epidemiológicas y económicas locales, lo que está sucediendo y el efecto de la crisis en los inquilinos individuales, los líderes del sector inmobiliario están aprovechando la abundancia de datos de comportamiento disponibles. Pocas compañías de bienes raíces tienen conocimientos sobre estos temas, y muchas menos tienen las herramientas, procedimientos y responsabilidades adecuadas para tomar decisiones.

El valor de la digitalización ha sido magnificado por el distanciamiento físico, social y el propio encierro, en particular gracias a las intervenciones que incluyen la experiencia del inquilino y del cliente. Esos servicios innovadores podrían generar satisfacción y la oportunidad de crear fuentes de negocio totalmente nuevas, al tiempo que se atiende a las demandas de los inquilinos y los usuarios finales.

Muchos inversores y operadores están reconsiderando todas las inversiones de capital en el contexto de un entorno posterior al virus. Algunos han cambiado ahora de mentalidad y se han dedicado a buscar activos únicos a precios de descuento, pero el problema que sigue planteando el acceso a los mercados de capital ha ralentizado la actividad y la disponibilidad seguirá siendo limitada, ya que los posibles compradores esperan a que se recuperen las valoraciones.

Algunos propietarios están empezando a pensar en qué hacer cuando la crisis inducida por la pandemia haya terminado completamente. En lugar de centrarse en los métodos económicos convencionales o en los métodos basados en encuestas a los clientes, los ejecutivos del sector inmobiliario están buscando respuestas de economistas, sociólogos, futurólogos y tecnólogos. Se preguntan si los empleados exigirán espacios de trabajo más amplios y seguros, si la gente temerá vivir en condominios si tendrá que usar ascensores, etc. Por supuesto, hoy en día, todo es incierto. Pero los líderes empresariales pueden empezar a descubrir nuevas y más fiables ideas empleando un personal innovador y utilizando nuevos métodos tecnológicos y digitales, con el fin de estar preparados cuando todo termine finalmente.

Conclusión

Para muchos, los bienes raíces son simples y fáciles de entender, y la inversión es fácil porque implica un intercambio justo entre los propietarios de bienes raíces (arrendadores) y los usuarios de bienes raíces (inquilinos). Mientras el agua caliente siga fluyendo y el alquiler llegue en el momento adecuado, todo el mundo está contento. Sin embargo, la inversión en bienes raíces es más compleja porque una variedad de inversiones en bienes raíces, tales como comerciales, industriales, residenciales, se comercializan en las bolsas de valores conocidas como REITs. El objetivo al invertir en bienes raíces es invertir en los empleos de hoy y crecer y hacer más dinero en el futuro. Necesitas obtener suficiente ganancia o "retorno" para cubrir los riesgos que tomas, los impuestos que pagas y los costos de ser dueño de una inversión de bienes raíces, como servicios públicos y seguros.

Si está considerando comprar una propiedad, ya sea la residencia principal de su familia o una propiedad de inversión, necesita saber cómo hacer que su pago sea seguro y de fácil acceso. Como nuevo inversionista, ¿se ha preguntado alguna vez qué capital o bienes raíces son mejores? Ambos tienen algunas fortalezas y debilidades, pero la respuesta depende de su personalidad y preferencias, al igual que su cartera y circunstancias. Una de las formas más comunes de poseer bienes raíces es a través de un tipo especial de inversión llamado REIT (Real Estate Investment Trust). Los fideicomisos de inversión inmobiliaria tienen un "sabor" casi infinito. Por ejemplo, algunos invierten sólo en bienes raíces comerciales, mientras que otros sólo invierten en edificios de apartamentos. Los REITs pueden ser negociados de la misma manera que los valores a través de las cuentas de las compañías de valores, y los dividendos son gravados de manera diferente a los dividendos de las acciones. Averigua cómo funcionan los REITs y si deberías considerar ser dueño de un REIT en lugar de un inmueble.

Algunos consejeros de crédito enviarán pagos adicionales a tus acreedores para reducir tu deuda inmobiliaria. En cambio, se te pedirá que tengas más dinero a mano para que puedas ahorrar una buena cantidad de fondos de emergencia. Rara vez tienes una inversión inmobiliaria directamente a tu nombre! En la mayoría de los casos, los inversionistas inmobiliarios serios son dueños de bienes raíces conocidos como una Compañía de Responsabilidad Limitada o LLC. Este tipo especial de compañía puede proteger la propiedad personal de litigios y otros riesgos. De hecho, la mayoría de los inversionistas ricos poseen casas a través de una práctica de gestión de riesgos. Como nuevo inversor inmobiliario, es imperativo entender cómo funciona la LLC y por qué se utiliza para mantener propiedades de alquiler y otras inversiones inmobiliarias.

Una de las mayores inversiones que uno puede hacer en la vida es su residencia principal. Desafortunadamente, considerando los costos de seguro, mantenimiento, interés neto de la hipoteca y otros gastos, algunos nuevos inversionistas/propietarios no se dan cuenta de que la tasa de retorno real después de la inflación de la casa es de alrededor de 0%. Necesitan abrir los ojos y hacer su primera inversión inmobiliaria importante.

Me despido:

El Espíritu de este libro es la unión entre el manera de trabajar en el business tradicional europeo y el moderno estilo americano.

Como innovador en la zona Española, soy Luca Vismara, conocido como "Lucas" y os he presentado este libro .

Estoy trabajando come profesional inmobiliario y asesor personal y es posible contactarme para representarte y comercializar tus propiedades, cuando vivas en mi territorio: en la actualidad estoy viviendo y moviéndome por las Islas Canarias.

De otra forma, ofrezco consultas personalizadas en calidad de experto de inmuebles residenciales y comerciales, bajo varios aspectos: "como crear una actividad comercial", "como cambiar aspecto a tu bar/business", "home staging (como cambiar aspecto a tu casa)".

Disponible a través de cursos o video conferencias y llamadas personalizadas por toda la área Hispánica o Española.

http://www.lucavismara.es

EL MEJOR PROFESIONAL PARA TUS INVERSIONES

Como un agente top va a convertirte en :

un top empresario que triunfa con su actividad de hosteleria

Lucas V.

<<Las islas Canarias como ejemplo de estudio para explicar los diferentes tipos de inversión >>LV

Capítulo 1: La zona geográfica como punto de inicio en un estudio

Las Islas Canarias son el ejemplo perfecto para explicar la conveniencia de invertir en viviendas en el año 2020 en lugar de adoptar políticas de inversión diferentes, ya que estamos a las puertas de una recesión económica y es el momento perfecto para planificar una inversión a largo plazo.

Tomemos por ejemplo esta zona geográfica por su flexibilidad, considerando que abarca todos los casos más típicos por tipo de inversión y examinemos en detalle Las Palmas como una ciudad moderna, y también como uno de los centros urbanos españoles donde el mercado inmobiliario siempre ha estado muy activo, tanto antes, durante y después de la crisis inmobiliaria de 2009. Probablemente seguirá siendo así incluso a las puertas de la nueva crisis que se avecina en 2020. Todos sabemos que Las Palmas lleva años entrando en el mundo de las estadísticas como uno de los climas del mundo, lo que no significa que siempre haya sol: al contrario, hay fenómenos climáticos, como la famosa "panza de burro" o el "Calima", que influyen claramente y permiten crear un microclima que nunca es ni demasiado caliente ni demasiado frío; por eso, Gran Canaria también es conocida como la isla de la eterna primavera. A menudo nublado, nunca excesivamente ventoso, llueve poco pero siempre hay un clima bastante suave. El sol en agosto no es abrumador y los inviernos permiten incluso, según la época, tomar verdaderos baños fuera de temporada o, en todo caso, siempre hacer vida de playa.

¿Por qué quise que esta situación se desarrollara en un contexto? Porque durante años ha sido el destino favorito de millones de turistas, también por una relación calidad-precio evidentemente muy favorable, así como por las condiciones climáticas, pero tiene su núcleo de inversores especialmente en los residentes. Además, al ser el área de competencia en la que ejerzo personalmente mi actividad profesional, creo que es una buena muestra para ser analizada, pudiendo expresar y justificar ciertas afirmaciones y ciertas sensaciones en base a ciertos números comprobados y consolidados de primera mano.

Precisamente por la presencia de diferentes tipos de personas en la isla, por diferentes razones, las inversiones inmobiliarias se diversifican y se destinan a un público final muy variado.

Ya hemos diferenciado en los capítulos anteriores las inversiones del mercado residencial del club privado de las comerciales (terrenos, edificios, locales para montar actividades económicas): en concreto, señalo otro libro que he escrito y que pronto estará disponible en el mercado <<El inversor inmobiliario, para principiantes >>: en este libro habrá anexos específicos sobre los diferentes tipos de inversión residencial y sobre todo sobre los inmuebles que se van a rentabilizar a corto y largo plazo, siempre partiendo de esta misma área de estudio.

Sin embargo, aquí nos centraremos en el análisis y la descripción de la red de inversiones comerciales, utilizando Las Palmas como ejemplo y explicando los diversos tipos de inversiones en el campo de las propiedades comerciales; luego investigaremos la oportunidad de invertir y en qué producto y cómo optimizar mejor la disponibilidad económica de uno. Sin embargo, quisiera recordarte que siempre hay una "máxima" económica que es válida en cualquier momento o en la fase de mercado: << el

5

verdadero inversor es el que compra barato y vende a un precio que optimiza los ingresos >>. Lamentablemente, casi todos los inversores inexpertos traducen esta definición como "comprar lo que es barato" (e intentar venderlo a un precio que no vale): cuidado con esta política, porque las "cosas que valen" siempre tienen un precio importante e implican una inversión dirigida y una estrategia precisa, a fin de producir una amortización a lo largo del tiempo y una ganancia real.

Sin embargo, debemos dar un paso más como inversores comerciales: si el lema del precio que acabamos de expresar es definitivo y verdadero cuando hablamos de propiedades residenciales, cuando en cambio hablamos de actividades comerciales (o propiedades comerciales) el mismo lema se invierte totalmente a veces. En los bienes raíces comerciales, no se trata sólo de entender el momento adecuado para comprar y vender: esto pasa a un segundo plano, aunque siga siendo relevante, pero es superado por el verdadero discriminante de éxito de este tipo de negocios: la posición.

La geolocalización de la propiedad comercial determina predominantemente las posibilidades de éxito o fracaso de un negocio comercial. Se lo explicaré en los próximos capítulos, pero el verdadero lema establece claramente que sólo hay "tres cosas" que cuentan: << Posición, posición y posición >>, que es válida en el sentido de localización e igualmente que "en el sentido amplio" como posicionamiento en el mercado. Incluiría incluso el clima, aunque pensemos en las zonas turísticas: ¿es diferente si hay un período de verano que dura un semestre o, en otra posición, un solo trimestre? ¿Y en las montañas? Pensamos en los hoteles de las estaciones de esquí y en la variación económica que puede expresar una temporada con o sin nieve. En las ciudades ya puede ser menos accidental, aunque por ejemplo un par de meses al año en verano hay migración por vacaciones, y tienden a vaciarse. En cualquier caso, decimos que el clima sigue siendo un factor de reflexión que siempre es consecuencia del lugar o la posición. Así pues, analizaremos las propiedades comerciales partiendo de esta regla esencial, tratando de aprender a distinguir las más rentables de las menos rentables, es decir, las más flexibles y mejor posicionadas, por ejemplo, que le permiten realizar actividades ganadoras y competitivas; por otra parte, aprenderemos a reconocer las inversiones inseguras y las actividades que no tienen una buena tasa de éxito porque no cumplen ciertos requisitos para surgir

.

<<La...cafetería es uno de los ejemplos más poderosos, extendidos y explicitos de las actividades comerciales realizadas en propiedades comerciales medianas y pequeñas>> LV

Capítulo 2: Alimentos y bebidas de negocios y entretenimiento

QUÉ ES UNA ACTIVIDAD COMERCIAL

Hemos hablado durante nuestro tema de la parte de bienes raíces comerciales especialmente desde el punto de vista de la inversión en la propiedad, pero hay una parte, no secundaria adjunta a esta rama, que se ocupa más específicamente de lo que se puede hacer dentro de estas propiedades, es decir, las actividades comerciales. Las actividades comerciales son prácticamente "el inquilino que paga el alquiler de las propiedades comerciales", es decir, las empresas que gestionan el contenido dentro de una propiedad.

En esta tipología, entre las actividades más conocidas se encuentran sin duda los bares, restaurantes, hoteles y lugares de entretenimiento. Están entre las actividades de " mediana y pequeña empresa": por ejemplo, en áreas más grandes podemos encontrar supermercados / hipermercados o, en tamaños más pequeños, podemos pensar en un estudio profesional o en la típica tienda de venta al por menor. Hablando de tamaño, me refiero ahora mismo a la extensión media en metros que puede contemplar una actividad de esos sectores: en cambio el "tamaño" a nivel de empresa o la generación de flujos monetarios es diferente:

En ese caso la extensión no siempre es indicativa ya que intervienen otro tipo de factores que nos explican si una actividad puede ser más o menos rentable y por lo tanto definen su tamaño en términos económicos. El inversor más común, y en todo caso una buena parte del mercado para quienes hacen negocios en actividades comerciales, suele dirigir su atención hacia el sector de la restauración, o "food & beverage" y del entretenimiento, que es el más comercial. Y muy extendido: probablemente el más importante de todos los ejercicios. En nuestro análisis, aproximándonos por defecto, nos centraremos más en este tipo de sector, aunque las reglas generales que luego esbozaremos se aplican a menudo un poco a todos los negocios sin distinción.

QUIÉN ES EL INDIVIDUO QUE DESARROLLA UNA ACTIVIDAD COMERCIAL

Normalmente hay dos temas cuando se trata de propiedades comerciales: primero el dueño de la propiedad, que dependiendo de la importancia de la inversión puede ser un pequeño comerciante de alguna tienda, en lugar de un magnate con un potencial considerable o empresas profesionales que se ocupan de la construcción o de las inversiones comerciales. El segundo tema que aparece, que es un poco el protagonista de esta parte del libro, es el inquilino, que puede ser, igualmente, un pequeño comerciante, más que un acaudalado restaurador con varios puntos de venta (pensemos en las franquicias), hasta las grandes empresas o magnates que gestionan grandes cadenas hoteleras y supermercados, por ejemplo. Hemos hablado de dos temas, resumiendo, propietario del inmueble y arrendatario, porque sobre todo en los pequeños negocios los dos lugares son casi siempre distintos. Sin embargo, muchas veces coinciden, ya sea porque el gerente del negocio ha "crecido tanto" que ha podido comprar el inmueble donde realiza la misma (o en muchos casos varios inmuebles para replicar y escalar su modelo de negocio), o, mirándolo desde otro punto de vista, porque "las grandes empresas han pensado (además de construir) en delegar: una parte de su capital y de sus recursos humanos en este caso se dedicará exclusivamente a la gestión y administración directa de sus empresas, en los mismos inmuebles que poseen". En estos casos, obviamente, no estamos Ya se habla de dos temas, pero el tema es prácticamente el mismo y económica y financieramente tiene un sentido lógico de fácil intuición: por un lado, reducir los costos, porque si lo miramos por el lado de los negocios, es completamente distinto pasar de pagar un alquiler (disponible), a pagar la cuota de una hipoteca, por ejemplo, para comprar una casa propia. Así que visto desde el lado de la empresa, el paso de comprar una propiedad para llevarla a cabo es casi siempre positivo, cuando la posición es abiertamente favorable, porque "aligera el balance" repartido en varios años con la depreciación y un sentido completo, es decir, la adecuación del círculo, a la vida empresarial. Visto en cambio desde el punto de vista del magnate que, por ejemplo, construye un gran hotel (y luego, en lugar de confiarlo a un inquilino en la gestión, decide crear su propio directorio para administrarlo personalmente), es una elección que perfila la intención de no basar su inversión en una perspectiva pasiva (cobrar el alquiler sin hacer ninguna otra acción), sino de tomar el camino de una nueva inversión sobre la inversión y asumir el riesgo de crear su propio negocio: si es rentable, evidentemente se beneficiará del volumen de negocio generado. En este último caso, es evidente que es necesario tener una fuerza económica considerable para asumir un doble riesgo o un compromiso económico tan exigente; también es necesario contar con competencias muy arraigadas en el entorno de la empresa que se va a organizar, porque el éxito de toda la inversión global depende del resultado. De hecho, si la actividad no fuera rentable, no sólo se produciría una pérdida de ingresos (por alquileres pasivos), sino que habría muchos otros problemas en el balance: en ese caso la única salida sería recurrir a la gestión de un tercero que realizara la misma actividad de forma rentable, y que permitiera al magnate volver a tener ingresos positivos, a través del mero alquiler de la propiedad. En el mejor de los casos, también existe la hipótesis de que <<el pez gordo se encuentra con uno aún más grande >> que quiere comprar tanto el negocio como la propiedad. Si por el contrario, ninguna de las dos hipótesis de la estrategia de salida descrita anteriormente se produce, nuestro magnate comenzaría a tener problemas económicos importantes.

QUÉ ES LO QUE LLEGA A GENERAR UNA ACTIVIDAD COMERCIAL

Como empresario, puedo decirle con seguridad que crear una empresa es una de las cosas más arriesgadas de todas, entre todas las categorías empresariales, porque implica desembolsos importantes, implica conocimientos avanzados, requiere la asistencia de profesionales y empleados. Además, es necesario adivinar, el lugar, el momento y el sistema adecuado para vencer a la competencia, entre otras muchas cosas; y para hacer más difícil la situación, un empresario puede hacerlo perfectamente, pero la posibilidad de "extrañas coyunturas astrales" permanece, por lo que las cosas no funcionan igual y fallan, o funcionan, pero no dan los resultados deseados y por lo tanto son insuficientes para amortizar la "inversión". Efectivamente, porque se trata de una inversión: invertir tiempo, dinero y recursos en una empresa: si todo va bien, se amortizan los gastos, se pagan los salarios y los honorarios y queda al final del año un capital; la finalidad de todo ello es prácticamente pagar los gastos y tener unas ganancias mínimas, que aumentan durante el valor de esa marca u organización (para luego revenderla y tener más ganancias).

¿Pero qué pasa si las cosas van mal? Si en el 2020 por ejemplo nos vemos obligados a cerrar nuestra empresa 3 meses por el Covid-19? ¿Seguirá siendo rentable el negocio que una vez fue rentable o sobrevivirá? El virus fue algo perjudicial para la economía, pero la economía prospera con altibajos, crisis inmobiliarias, crisis financieras, crisis de cualquier tipo. Se llaman riesgos y un inversor debe tener en cuenta que existen: nadie podría imaginar una pandemia mundial que realmente frenara o bloqueara la economía de cientos de países en el mundo. Pero ha llegado, así como las guerras pasadas y futuras, y muchos otros desastres, pero las actividades económicas siempre han seguido existiendo, porque hay personas muy emprendedoras que calculan todo, incluso que las cosas pueden salir mal, y por lo tanto saben que <<hoy se gana y mañana se pierde >>, como en un largo campeonato de fútbol, donde tal vez un equipo comienza menos favorecido, pero luego vuelve y gana. Y si no gana tendrá otra oportunidad de experimentar otra aventura, otro campeonato.

Así que la cuestión es hacer las cosas a medida, bien planeadas y, sobre todo, no hacerlas al azar, como la mayoría de las personas que, cuando están cansadas de hacer un determinado trabajo, de repente un día se despiertan y con toda la ingenuidad, se convencen de que son los grandes chefs por ejemplo, o los mayores inversores del planeta en cualquier campo comercial: Invierten todos sus ahorros en actividades irregulares y a menudo se encuentran con falta de liquidez", porque "un empresario no se inventa" de hoy para mañana: son sólo intentos precipitados, y sin ninguna lógica y destinados a un fracaso, para un ojo experto que los reconoce de antemano sólo por la forma en que se establecen.

LO QUE NECESITAS SABER PARA ESTABLECER UN NUEVO NEGOCIO

- Sigo insistiendo en que el primer requisito necesario es saber de qué se trata: en el curso de mi actividad profesional veo demasiadas empresas pequeñas o autónomas que funcionan en circunstancias fortuitas o con una organización realmente muy deficiente. Esta forma de hacer, además de ser un bien perdido en términos de ahorro, resulta ser un bumerán que afectará a sus vidas, a su autoestima y, por supuesto, a sus ahorros, porque la empresa tiene excelentes posibilidades de " derrumbarse ". Absolutamente, el primer requisito es, desde luego, ser un experto en el negocio que va a montar, y ciertamente un entusiasta y amante de ese mundo, hasta conocer sus facetas más detalladas. El segundo requisito indispensable es tener el ahorro o la liquidez para emprender; cosa muy importante a marcar como regla básica << si una empresa requiere una inversión de 100, conseguir 150 o 200 >>, porque "las reservas podrían ser necesarias en períodos negativos, en las fluctuaciones del mercado, en acontecimientos inesperados, utilizándolas para mantenerla flotando". De lo contrario, existe la posibilidad de llegar a perderlo todo. Es una locura comprar un activo que tiene un costo igual al capital disponible: significaría que estás yendo más allá de tus posibilidades.

A continuación enumeramos todos los demás requisitos necesarios:

- **-Revisa las regulaciones actuales**: . << con la ayuda de un profesional, contacte con el municipio de residencia para solicitar los permisos necesarios para la actividad a realizar. A través de la consultoría técnica, definir los criterios y normas y lo que se puede hacer (y lo que no), a nivel de ingeniería estructural y de plantas. Es absolutamente esencial, para no arriesgarse a cometer errores irreparables, trabajar con autorización y en paz "y tener las ideas claras también en cuanto a los costos y el proyecto".

- **Licencias:** adquirir las licencias principales y accesorias necesarias para llevar a cabo una actividad regular. Cuando se trabaja sin licencia o sin límite, puede ser rentable a corto plazo, pero aparte de cometer una infracción, no será en absoluto rentable a largo plazo, y menos aún en la fase de reventa. Hay que hacer una distinción en lo que respecta a las licencias: si volvemos a la restauración por un momento como ejemplo, hay diferencias obvias entre tener una licencia de bar, restaurante o discoteca por ejemplo, o un hotel. Para cada zona hay indicaciones generales e incluso municipales, sobre la base de que el empresario tendrá que cumplir con los requisitos, para que se conceda la licencia. Y luego, más en el aspecto técnico, hay limitaciones de categoría o de seguridad que determinan la "bondad" de un trato. No sólo eso, según el tipo, cambian los días y las horas de apertura, sino también la posibilidad de ofrecer un servicio en lugar de otro y también en detalle la conformación de la actividad comercial, que debe adaptarse a las normas según la afluencia de personas, la ubicación y el tipo de servicio a realizar. Profundizaremos en este tema cuando hablemos técnicamente de cómo preparar o renovar un espacio comercial.

- **- Saber cómo:** como dice la palabra es "el arte de saber hacerlo": es algo que, o bien se sabe por qué se es experto en esa profesión (y se han adquirido las habilidades adecuadas), o bien se debe comprar y tiene costes. Conjuntamente con la licencia y el fondo de comercio, es uno de los principales discriminantes que determinan el valor de una actividad.

El ejemplo más fácil de entender es la receta de la mejor pizza o el mejor helado. Todo el mundo hace pizzas y helados. Pero, ¿alguna vez te has preguntado <<por qué toda la ciudad va a verter en esos dos lugares habituales, y nadie va a los otros 50? >> La respuesta es <<porque tienen la mejor receta para ese producto, y de todos modos la que más gusta del mercado>>. Así que ese " Conocimiento" tiene un valor y pueden mantenerlo en **absoluto secreto (y** seguir dominando la competencia) o pueden venderlo enseñando a terceros a hacer lo mismo.

- Fondo comercial: lo mencionamos, así que lo explicamos en detalle. En realidad, no es necesario iniciar un nuevo negocio, pero es esencial crearlo durante la vida de la empresa. Hablamos en pocas palabras del volumen de negocios, o más bien de " los verdaderos clientes que tienen un negocio ": traducido en números, del volumen de ingresos líquidos que estos clientes producen. El fondo comercial puede ser real (representado por el balance y el volumen de negocio expresado en un año natural), o puede ser potencial, es decir, la capacidad de la empresa para expandirse y mejorar. No hace falta decir que el fondo comercial real se paga (e inclusive se salda a veces) cuando se perfecciona la compra de un negocio, mientras que el potencial es << como un gran par de zapatos que se usan sólo para una boda >>: sabes que está ahí, sabes que vale la pena, pero nunca sabrás si puedes usarlo. Es razonable pensar que se pueden adquirir nuevos clientes, pero también se puede plantear la posibilidad de que los anteriores se pierdan si no se trabaja correctamente.

Una vez estudiados estos aspectos prioritarios, lo que se necesita para crear una empresa depende de la actividad que se quiera llevar a cabo: algunos requerirán maquinaria y equipo técnico, otros también necesitarán mobiliario y todos los aspectos que tengan que ver con la fachada "al público". Por supuesto, durante la evaluación de una actividad son un punto importante y con una particularidad: casi nunca se desvalorizan (al menos en sentido estricto de la maquinaria y el equipo técnico) y la razón es que pueden ser desmontados o trasladados y utilizados en otro almacén. y, por lo tanto, también se pueden vender por separado a empresas similares.

Los aspectos a tener en cuenta serán entonces la estrategia de invertir tiempo y recursos para aumentar el valor de una marca o nombre comercial: si la empresa es de reciente creación tendrá que construir una imagen y una reputación en su sector de competencia: si en cambio se trata de una venta de actividades, la marca pasa a formar parte de la negociación, con la evidente atribución de un determinado valor a cuantificar. No olvidemos que, para iniciar un negocio, si no somos propietarios de la propiedad, tendremos que encontrar un contrato de alquiler con el vendedor. Se hará sobre una base de varios años para dar al empresario la oportunidad de amortizar los costos, y si tiene una empresa sólida, el beneficio será mutuo, porque el propietario garantizará así una renta vitalicia, que puede ser gastada incluso durante la fase de financiación. de otra iniciativa de construcción, y obviamente el inversor tendrá tiempo para devolver su capital y generar un beneficio.

QUÉ ES LO QUE HACE QUE UNA ACTIVIDAD TRIUNFE

<< Posición, posición, posición >>: hay que repetirlo hasta cansarse, sobre todo porque por una lógica de precios equivocada, muchas veces se intenta ahorrar a costa de lo fundamental, socavando la inversión desde la base.

Un lugar importante ocupa entonces la imagen, es decir, la marca y el atractivo de la tienda desde el punto de vista estratégico y estético (trataremos ampliamente este tema en el segundo apéndice).

Aquí resumimos los tres pilares fundamentales de una empresa:

- **Producto:** no hay actividad rentable sin un producto fuerte que pueda superar a la competencia, ya sea un producto físico (como la fabricación de helados) o una actividad emocional (como las comedias). El producto debe tener siempre la mejor relación calidad-precio y seguir las leyes de la oferta y la demanda según el lugar donde se realice. La banalidad de un producto, la escasez en términos de calidad o el precio fuera de la lógica del mercado pueden por sí solos hundir a cualquier empresa, por lo que en la fase de planificación son estrategias muy importantes que deben definirse en un plan a largo plazo.

• **Servicio:** podemos ofrecer el mejor producto del mundo, y además tenemos poca competencia, pero si hay una falta de servicio, podría afectar a las ventas. Para optimizar y expresar de la mejor manera posible el potencial de una empresa, hay que tener una fuerte capacidad de organización y poner todas las piezas en su lugar. Hay que saber manejar el personal, en número y en calidad, para replicar mejor el producto de forma gradual y sistemática. Así pues, no sólo hay que ser capaz de expresar una producción única, sino de repetirla, utilizando personas y medios para generar números duraderos en el tiempo, mediante normas de calidad eficaces y satisfactorias, que sean capaces de mejorar aún más el producto en sí.

• **Planificación:** es posible tener el mejor producto y el mejor servicio, pero si uno "se duerme en los laureles", otras personas pueden superar este modelo y convertirse en importantes y serios competidores hasta el punto de superar incluso a quienes tuvieron ideas maravillosas. La durabilidad de la empresa a lo largo del tiempo es una de las cosas más importantes de todos los tiempos: hay que aplicar políticas a corto plazo, destinadas a adquirir liquidez, pero sobre todo hay que pensar "a largo plazo": cuando hay gastos importantes de dinero, de hecho, hay una amortización a largo plazo que hay que tener siempre presente y, antes de empezar a obtener ganancias netas, hay que ser capaz de durar el mayor tiempo posible, sobre todo para cubrir los gastos de inversión. Esto puede ser gradual con ganancias a lo largo del tiempo, hasta el logro del objetivo o puede resolverse con una reventa de la actividad que cubra todos los gastos y produzca un beneficio.

En la planificación, también quiero mencionar dos subtítulos muy importantes como las elecciones estratégicas y el análisis de la competencia. Ambos son políticas a largo plazo y deben aplicarse durante la fase de planificación de la inversión, antes de salir al terreno. Las elecciones estratégicas son todas aquellas decisiones que, basadas en la experiencia y las habilidades, deben tomarse para estudiar y clasificar las cuestiones más importantes relativas a la planificación: la localización, por ejemplo. Para

ser más claros, en primer lugar cuando hablamos de <<
posición, posición, posición >> nos referimos a geo-
localizaciones de primera calidad: estar siempre al frente,
en un sentido geográfico, pero también de
posicionamiento de marketing. Aquí en cambio, hablando
más específicamente de localización, quiero referirme a
este ejemplo específico: <<nuestra tienda está
geográficamente posicionada correctamente en el centro
de la ciudad; incluso tiene una importante y exitosa marca y
en las redes sociales se habla mucho de nosotros. ¿Por qué
no tenemos los resultados deseados? >>.

Siempre que el producto, el servicio y todos los estándares
de calidad-precio sean correctos, puede haber razones
relacionadas con el punto de venta o con la competencia
que no han sido evaluadas correctamente:

- LOCALIZACIÓN: no hay una única garantía de éxito,
estableciendo una tienda en el llamado "centro". Siempre
traicionado por la lógica del precio, dirigida a ahorrar
dinero, muchas veces he visto elegir tiendas, no
exactamente en el centro: Yo diría que hay un centro y un
centro. Hablando con el empresario inexperto, a menudo le

dice que su tienda está perfectamente situada, pero una vez que ha hecho una simple inspección, es bastante fácil y desalentador ver cómo las suyas son "falsas ilusiones". Para determinar un área céntrica, no basta con tomar un mapa y dibujar un círculo con un radio definido. Los caminos no son todos iguales, e incluso el mismo camino no garantiza la misma productividad en el fondo que en la cabeza. Las evaluaciones deben hacerse siempre de forma física y tridimensional, viendo la situación real. Incluso las tiendas, que están una al lado de la otra, a menudo notamos que tienen una rentabilidad diferente aunque hagan "el mismo trabajo". La razón por la que se trabaja (o no) puede llevarnos a la bondad de la gestión y del producto-servicio, pero muchas veces la razón está puramente ligada a la propiedad: una tienda que hace esquina, en lugar de una con pocos escaparates, no tiene en absoluto la misma rentabilidad potencial. Lo mismo ocurre con un restaurante con terraza, en lugar de exclusivamente en el interior, o que tiene más o menos asientos: atención, entonces hay que convertir este potencial con otras cualidades. A menudo tienes las habilidades pero la ubicación no ayuda debido a los límites físicos u organizativos que nos impone. Por lo tanto, un análisis profundo durante la fase de diseño-compra no es en absoluto secundario, con expertos que son capaces de anticipar, en base a su experiencia, ciertas situaciones que luego se producirían más tarde, cuando ya puede ser tarde: cuando una tienda se instala en un mal lugar es difícil de solucionar.

- COMPETENCIA: nunca subestimamos a nuestros competidores porque un día pueden no representar un obstáculo, e incluso puede que sí: no olvidemos que pueden vender el negocio a alguien más proactivo que ellos, o pueden intentar copiarnos, dispersando a los clientes y reduciendo nuestros beneficios. En general, la competencia es algo que siempre hay que evaluar antes de emprender, para no construir una catedral en el desierto o, por el contrario, en medio de otras catedrales todas similares. Uno de los aspectos más innovadores que casi todo el mundo subestima, o no contempla, es la "explotación de la competencia": es un fenómeno que puede verse ampliamente en las grandes ciudades o en las grandes áreas de entretenimiento, y que merece reflexiones separadas. Pienso en el ejemplo típico, en la reconversión en las grandes metrópolis, de lo que antes eran "los antiguos mercados": hoy son centros de ocio con restaurantes, espectáculos y mucho más; son verdaderos edificios enormes, pero también pueden ser calles o zonas, donde se acumulan una serie de bares y restaurantes o discotecas: todos, con las distintas diferencias, ofrecen un poco del mismo producto, es decir, diversión. Pero tomemos un ejemplo más práctico: los hipermercados, que reúnen una enorme cantidad de tiendas minoristas, muchas de ellas similares en producto y línea de precios. Este es un ejemplo típico de cómo hacer que un aspecto negativo como la competencia se convierta en una fortaleza. La razón es muy simple: un usuario se siente atraído por todas las posibilidades que ofrece esa situación y sobre todo por la comodidad (¿es otra faceta del lugar: un lugar en una zona peatonal o un lugar con un aparcamiento privado? ¿Un lugar de fácil acceso o un lugar aislado para no molestar los ruidos? Todas las variables deben sopesarse con antelación). Así, la mayoría de los usuarios van en busca de esas situaciones porque << ni siquiera tienen muy claro lo que buscan >>, pero saben que lo encontrarán: como cuando vas a un cine multipantalla y decides la película en el momento de verla: el cine tradicional ha desaparecido.

Entonces, ¿cómo trabajas cuando te pones en ese mercado? Exactamente como antes, con las mismas reglas y aún más atención a la calidad y el precio para ser competitivos. Ciertamente hay que prestar atención al hecho de que la oferta no está saturada para un determinado tipo de producto, con demasiada gente emprendiendo en el mismo campo o con productos similares, y es absolutamente necesario diferenciar de forma decisiva por marca y servicio. Normalmente en este tipo de realidad los modelos de franquicia se distinguen porque son modelos altamente competitivos, diseñados para proceder de determinadas maneras y con determinadas políticas de precios. Entonces, ¿cuál es la culpa de un centro de esparcimiento? Si bien es cierto que un modelo de este tipo ayuda y alivia al inversor de la carga de atraer a la gente a menos de 1 KM de él, también es cierto que si no se diferencia y no tiene algo altamente competitivo, está destinado a fracasar mucho más. Entonces hay otro punto negativo: si el centro, la carretera o la zona no está bien gestionada, no está bien localizada o no está bien anunciada, trabajar en un modelo de este tipo es aún más complicado, porque atraer a la gente a 1 KM de su tienda, entonces se convierte en una necesidad y muy a menudo, la posible mala imagen de la zona se confunde con la imagen de la tienda, y por lo tanto esta última tendrá graves problemas de facturación, ya que será difícil captar a la clientela en un lugar desconocido o no grato.

RIESGO DEL NEGOCIO

Hemos mencionado la posibilidad de que las cosas no vayan en la dirección correcta: cada tipo de actividad asume un riesgo empresarial diferente, que depende de un cálculo virtual del volumen de capital empleado, del período económico y del tipo de producto o servicio. Es evidente que no se puede atribuir el mismo riesgo empresarial a un restaurante familiar que funciona en un inmueble de su propiedad, en lugar de un hotel, que tal vez pide a terceros una concesión para gestionar un determinado número de años. Por lo tanto, hay empresas de alto riesgo o de menor riesgo: las de alto riesgo son todas aquellas que siguen tendencias, por ejemplo (en términos de definición, van y vienen) y cuando claramente estamos entonces trabajando fuera de contexto, a menos que no se tenga la fuerza para hacerlo, se pueden tener problemas importantes. Otras actividades arriesgadas son las que tienen una reglamentación muy estricta o una licencia que no está completamente definida o que las protege de cualquier disputa. Lamentablemente, las regulaciones cambian con el tiempo y quienes no tienen todo expresamente garantizado y definido pueden sufrir problemas relacionados con la burocracia o los cambios que se producen por razones económicas o urbanísticas. Incluso las "noticias" o las empresas de nueva creación son actividades de alto riesgo: cuando se comercializa un producto que es innovador, podría funcionar y convertirse en un producto de moda (y por lo tanto ser muy especulativo), pero también podría no funcionar y por lo tanto entonces y También es difícil corregir la estrategia en la carrera porque la peculiaridad que debería haber sido un rasgo distintivo, entonces termina afectando también a un posible cambio. Sin duda, sin embargo, hay como siempre en la vida de los "caballos de trabajo" o "evergreen" que siempre funcionan bien o mal, es decir, que ya han sido probados a lo largo de los años en diferentes áreas geográficas y en diferentes mercados y son cada vez más rentables: mercado inmobiliario residencial, tomemos un ejemplo para explicar el concepto, un alquiler a largo plazo de un apartamento comparado con un "alquiler de vacaciones": el primero es sin duda una inversión menos altisonante y productiva que el segundo, pero con costes más bajos y con un riesgo prácticamente mínimo, además de ser un activo de refugio, en comparación con el otro tipo que es de riesgo absolutamente alto.

COSTOS, INGRESOS, GANANCIAS

Esta parte es prácticamente una pequeña lección de economía básica. Sabemos que los costos son todos los gastos que usamos para llevar a cabo un negocio: compras, maquinaria, bienes, personal y todo lo demás. Muy a menudo nos olvidamos de hablar del tiempo. El tiempo es uno de los costos más subestimados de la historia. Mi propuesta innovadora es que <<el costo del tiempo se incluya en los estados financieros de las empresas >>: el resultado sería devastador, porque muchos empresarios se darían cuenta de lo poco productiva que es su organización. El costo del tiempo es prácticamente "todo el tiempo perdido y el capital invertido" y bloqueado en una actividad empresarial: es decir, el valor que estos tendrían si se invirtieran en otra iniciativa completamente diferente, o incluso en casos extremos en no hacer nada. Es una versión moderna del costo de oportunidad, y nos permitiría entender "a cuántas cosas se tuvo que renunciar" gastando tiempo y recursos en una empresa a expensas de otra, pero también de la familia, o de los intereses personales. Muchas veces nos centramos tanto en el trabajo que << por la ansiedad de ganar 100 perdemos 150 >>; si hiciéramos bien las matemáticas, quizás resultaría que habría bastado, para una vida plena, una cifra inferior a la que ya teníamos al principio, sin afrontar ningún riesgo empresarial. Por lo tanto, cuando esté solo frente al espejo, con un bolígrafo y un bloc de notas, recordemos que hay que poner todo bajo el título de gastos, porque dejando de lado ciertos aspectos, no secundarios, suelen componer las cuentas y siempre son positivas, incluso cuando no lo son.

Los ingresos son los que produce nuestra empresa, pero son "falsos amigos": sobre todo en el comercio minorista, dan al empresario la impresión de estar bien, de tener ingresos y recursos sólidos; sin embargo debemos recordar que no lo son porque son un dato parcial; no podemos gastar todo lo que recaudamos. Los ingresos se utilizan para cubrir los gastos y para reinvertir, y sólo en última instancia para obtener un beneficio. Así que no hay absolutamente ningún líquido disponible, pero son recursos que deben ser manejados con absoluta inteligencia. Una mala gestión de los ingresos puede hundir absolutamente la bondad de una actividad comercial e ir a intervenir entonces siempre hay sólo dos caminos: o bien reinvertir para aumentar el volumen de negocios, y por lo tanto intentar que la relación coste-ingresos sea más favorable; o bien recortar costes (lo que a veces es saludable para evitar compras innecesarias); pero cuando se llega "al hueso", no siempre se puede tocar, para no socavar el correcto funcionamiento de la empresa. Por último, las ganancias son, por lo tanto, el resultado positivo de un camino de trabajo realizado de forma rentable: si no hay ganancias, el camino es cuesta arriba, a menos que se esté en una fase de recesión fisiológica o se haya iniciado o reinvertido.

Estos tres factores económicos deben considerarse siempre desde una perspectiva de mediano y largo plazo y para ello existen los estados financieros, que no son más que los resúmenes por período de ejercicio, de las acciones realizadas por una empresa. No hay que confundir nunca jamás los ingresos con las ganancias: si, por ejemplo, un bar cobra 1000 euros al día, recuerde al operador que no tiene 1000 euros para gastar en su bolsillo, sino que sólo ha ganado el excedente después de haber contratado gastos como: personal, electricidad y agua, materiales, impuestos, la depreciación de ese día de la maquinaria, la depreciación de su inversión inicial, los alquileres, el tiempo y muchos otros gastos. A veces haciendo este cálculo nos encontramos con el entendimiento de que no vale la pena el riesgo.

<<Tanto la reestructuración como la reorganización de las empresas tienen reglas y balances concretos bien definidos >>LV

Capítulo 3: Renovación total VS de un bar con barra de una propiedad, con posibilidades de rediseñar

DIFERENCIA ENTRE LA REESTRUCTURACIÓN Y LA REORGANIZACIÓN

El inversionista de una empresa es normalmente una persona con experiencia en el sector, y cuando no es así, normalmente se une a una empresa con alguien que aporta este valor esencial. Sin embargo, lamentablemente cada vez hay más personas que se reinventan sin experiencia alguna y, lo que es peor, con recursos por debajo del nivel mínimo exigido, se aventuran en empresas que luego no pueden llevar a cabo; la mayoría de las veces por falta de fondos, o por cambios en el mercado o por falta de experiencia y planificación. Dando siempre el ejemplo correcto de la restauración, uno de los errores más comunes y extendidos es que, además de rehacerse como restauradores, creerse grandes arquitectos o diseñadores de interiores, e incluso expertos en marketing, con resultados a menudo no a la par y consecuencias pesadas también desde el punto de vista económico, el error o el principio es siempre el mismo: la política de ahorro. Ya hemos mencionado que en el sector inmobiliario comercial "quien más gasta, gasta mejor", si lo miramos desde la perspectiva de la inversión: porque al comprar algo de valor, nos presentamos a nuestra carrera personal con la competencia equipada con un ferrari, y no con un pequeño coche para competir. Si la lógica del ahorro puede ser respaldada (pero en absoluto unida porque hay lógicas y reglas muy específicas también en ese campo) con un inmueble residencial, por su flexibilidad y por el hecho de tener un usuario más estándar, común y numeroso, en cambio, con un inmueble comercial (ya sea durante la compra del inmueble mismo o durante la planificación de una actividad), no hay que quedarse " a la espera ", para no hacer elecciones de ubicaciones secundarias, aceptar defectos estructurales evidentes, o cualquier factor que pueda penalizar potencialmente nuestra iniciativa; en este caso las pérdidas serían incalculables y el futuro estaría inevitablemente en juego. Por lo tanto, la selección de la propiedad es importante, entre muchas otras en las diferentes áreas, teniendo en cuenta todos los factores que hemos discutido anteriormente en relación con el negocio potencialmente rentable. En caso de duda sobre una posición a costa de otra, siempre es aconsejable ponerse en contacto con un profesional del sector para ver las diferentes posibilidades o elecciones que ofrece el mercado, y valorar las ventajas de una zona a costa de otra.

Una vez elegido el contenido, pasamos a una segunda fase que es decisiva y luego hablamos de lo que hay que poner en la tienda elegida: según las situaciones tendremos que evaluar si la tienda necesita un cambio radical, que afecta también a las instalaciones y a la estructura, o si sólo necesita una reprogramación superficial, interviniendo sólo superficialmente en el aspecto visible para el público. En la restauración este tipo de intervención me gusta llamarla bar-staging, que sería la versión comercial del home-staging de las casas, aunque con una diferencia considerable: lo que quiero decir como bar-staging no se limita sólo al aspecto estético, quizás acompañado de una evaluación programática del tipo de inversión y de la renta que se va a montar. En este caso estamos hablando de algo mucho más profundo porque la elección de los colores o la disposición de una habitación o la comercialización o la disposición de los muebles y los recursos pueden influir directamente en el aumento de los ingresos de esa empresa. Pensamos en un principiante que decora el bar, que acaba de comprar, con colores muy planos, tono sobre tono o incluso peor con colores que no casan en absoluto, y (sin considerar por el momento la gama de las innumerables otras elecciones que tiene que hacer en cuanto a disposición, materiales, maquinaria, luces, decoraciones...) se encuentra con un bar de apariencia aburrida, monótona y cursi, que ciertamente no da la bienvenida adecuada y da la impresión de poca profesionalidad. Pensemos en cuántas veces el mismo bar fue vendido posteriormente a un brillante y experimentado empresario que cambió poco y nada (o por el contrario lo cambió todo), y lo convirtió en una mina de oro: evidentemente se trató de una coincidencia en la que la ubicación no era tan mala, pero las elecciones posteriores realizadas por el primer inversor fueron erróneas. Por lo tanto, podemos decir que quien tiene una verdadera experiencia, y una verdadera competencia, puede a veces tratar de compensarla sólo y dedicarse también a una actividad que no es completamente suya; en la mayoría de los casos hay que apoyarse en un profesional del sector para evitar cometer ciertos errores típicos y sobre todo para caracterizar y montar bien la tienda.

Por ejemplo, todos los supermercados tienen verdaderos equipos de personas que se dedican específicamente a eso: no hacen más que estudiar, optimizar y proponer nuevos espacios, nuevos colores, nuevas situaciones; incluso cambian a menudo las estanterías porque "detrás" hay un razonamiento económico, y tal vez han estudiado que ciertos productos se venden más si se colocan en la parte inferior que en la superior. Si las personas que trabajan en ciertos niveles pagan "buen dinero" por lo que puede parecer un absurdo para la mayoría, porque el inversor novato que comienza ahora con bienes raíces comerciales o un negocio, decide audazmente tomar un riesgo adicional y sin experiencia, organizar y decorar su propio punto de venta al azar, o de acuerdo con su lógica personal? Esto sería muy bueno si comprara una casa privada y quisiera vivir allí: que la organizara como quisiera, pero luego, si se equivocara, que pagara el impuesto durante la venta, porque a la gente de sentido común podría no gustarle. Pero en lo "comercial" no se puede razonar según una perspectiva de gustos, sino de ventas.

<< Así que podemos definir la necesaria o vital reestructuración o puesta en marcha de una propiedad

comercial, para caracterizar su actividad y optimizar los ingresos >>.

Pero, ¿cuándo utilizar una técnica en lugar de la otra? Esto varía mucho dependiendo de la actividad más que de la ubicación y de la necesidad de preparar el local según la ley y según las normas de seguridad necesarias. En general, se puede decir que: cuando hay un cambio de licencia o un cambio de actividad, por razones de ley, pero también por razones de oportunidad y actualización de la propiedad, se realiza una reestructuración integral, tal vez negociando con el propietario de la propiedad que todavía tiene que dar su consentimiento. El concepto de puesta en marcha de una tienda, a pesar del nombre, aplicable a todo tipo de actividad comercial, puede aplicarse en todos los casos en que se continúe con el mismo tipo de licencia y no se requiera ningún cambio técnico por parte de la legislación, y simplemente se quiera dar una imagen y sustancia importante a una tienda, para mostrar primero que las cosas han cambiado, y después, poder expresar una revalorización económica de la tienda y de la actividad actual, con las consiguientes mejoras desde el punto de vista de las entradas. Insistimos en la importancia de evitar el autoservicio, que normalmente da lugar a tiendas anónimas, basadas en la lógica del ahorro, poco funcionales a la hora de trabajar y replicar el producto de una forma que produzca rentabilidad.

Si en la compra de una casa era imprescindible evaluar el estado de conservación de la propiedad, en las propiedades comerciales comienza a ser secundario porque casi se da por sentado que luego se distorsionarán o arreglarán y por ello tendemos a comercializar propiedades rústicas, o acabadas pero completamente diáfanas y con instalaciones estándares que luego se pueden adaptar a la mayoría de las empresas comerciales.

PASOS PARA UNA REESTRUCTURACIÓN INTEGRAL

Ya hemos visto como el primer paso es totalmente un análisis del estado de la propiedad, no según criterios estéticos, sino según las actualizaciones esperadas necesarias en un largo período para las instalaciones según la ley.

A continuación se exponen los pasos más significativos de una reestructuración integral, cuyo orden no es en absoluto secundario, porque muchas veces, los que no son expertos en este sector, comienzan por la mitad o por el final, y luego se encuentran rehaciendo todo de otra manera; huelga decir que al hacerlo se produce un enorme aumento de tiempo y de costos y a menudo se pone en peligro el trabajo previo o el resultado final.

- **Revise las regulaciones actuales:** << con la ayuda de un profesional, contacte con el municipio de residencia para solicitar los permisos necesarios para la realización de la obra. A través del asesoramiento técnico, definir los criterios y normas y lo que se puede hacer (y lo que no), a nivel de ingeniería estructural y de plantas. Es absolutamente fundamental, para no arriesgarse a cometer errores irreparables, trabajar con autorización y en paz "y tener las ideas claras también en términos de costes y de proyecto. Inspección recomendada para todos los técnicos que tendrán que trabajar: arquitecto, maestro de obras, electricista y fontanero >>.
- **Estudiar la nueva distribución de los espacios:** << compatible con el proyecto, primero definir donde se encuentran los espacios técnicos del baño y la cocina, y luego concentrarse en las áreas principales como el salón o las terrazas o el espacio de ocio. Hay que tener

muy claro dónde ubicar los espacios sensibles antes de empezar a trabajar, porque todas las instalaciones dependen de ello y, en efecto, descubrir demasiado tarde un error puede ser imposible de resolver o muy caro >>.

Atención particular, con todo, a la política local: Nunca subestime la entrada y la distribución teórica de los puntos de producción. La entrada es la tarjeta de presentación de una tienda y debe ser grande, atractiva y de fácil acceso. Las tiendas que tienen una mala entrada o barreras arquitectónicas tienen ciertamente problemas para facturar grandes cantidades. También debe ser inteligente, y mover al cliente hacia lo más atractivo e importante que tenemos. Los espacios de producción sensibles son los más importantes después de los espacios técnicos: los primeros afectan inevitablemente a la distribución de la tienda, pero son los que discriminarán si vendemos o no. En el ejemplo muy intuitivo de un bar, es de vital importancia el lugar donde se ubica el mostrador (y la cocina) por ejemplo: no sólo eso, las colecciones pueden cambiar según el tamaño del mostrador, la forma, el color, la comodidad y el tipo de sesión (o no) que se establezca; sigue mucho la lógica sobre los tipos de bares que se van a construir, por lo que un experto no sólo se fijará en criterios estéticos, sino también de consistencia y funcionalidad en el trabajo para aumentar las ganancias.

- **Demolición:** << es la primera fase activa de la obra. Ya hemos estudiado, si existen viejos muros que deben ser demolidos o viejas instalaciones que deben ser abandonadas. En esta fase es oportuno proteger o retirar los muebles y las partes que se quieren salvar, para no dañarlos porque normalmente produce polvos realmente molestos a la hora de la limpieza y molestias por el trabajo de varias personas en el mismo ambiente. Es conveniente despejar la zona en la medida de lo posible para facilitar el trabajo y luego poder intervenir fácilmente en la remoción de puertas y accesorios o en la demolición de paredes, en el desmantelamiento de muebles que no tienen interés y en cualquier otra cosa. Si el suelo de madera, por ejemplo, es una de las cosas que se pueden salvar, protéjalo para evitar las marcas directas por el movimiento de los muebles o incluso no deseados, por el simple paso con la posibilidad de pequeños escombros bajo los zapatos >>. Por supuesto, es cierto que a diferencia de lo que ocurre en la propiedad residencial, como hemos destacado, hay una tendencia a tener grandes espacios vacíos para evitar las demoliciones pero ir directamente a una reorganización de los espacios con divisiones internas.

- **Construcción de nuevos muros:** << si se provee, habrá la redistribución de la superficie con nuevas paredes que delimitarán el nuevo tamaño de las habitaciones. Según los usos, se pueden hacer con bloques, con madera o con la solución más económica y extendida y con el mejor resultado estético: la placa de yeso, debidamente aislada >>.

También en este caso, la elección de la distribución y las separaciones en una propiedad comercial no es nada trivial: debe respetar ciertas lógicas de amplitud y diseño, sobre todo para dar a los usuarios la sensación de poder respirar.Por lo tanto, la preferencia por los espacios diáfanos, aunque constatemos que en ciertas actividades, la separación de algunos ambientes más íntimos puede ser una elección estilística, pero también económica, a veces importante: pensemos en una sala reservada e íntima en un restaurante o en ciertos rincones deliciosos, para ofrecer a los clientes ciertas diferencias de ambiente, o si pensamos en el aspecto económico pensemos en las discotecas y en los privados": ofrecemos servicios exclusivos, con un aumento de los costes de gestión de la empresa, a cambio de unos precios notoriamente más altos por el servicio ofrecido en ese espacio: son detalles que pretenden diferenciar a los clientes y tener una entrada económica diferente.

- **Electricista y fontanero:** << contactar con el electricista y el fontanero que, asistidos por un trabajador, tendrán que " reducir " las paredes y el suelo y luego canalizar sus tuberías. Ambos técnicos tendrán que preparar las instalaciones según la ley y según el proyecto, utilizando los materiales adecuados, y trazar sus instalaciones desde el punto de mando hasta la central. El electricista tendrá que discutir cómo quiere equipar y acondicionar la casa para comprender la potencia necesaria y adaptar un cuadro eléctrico autorizado, haciendo luego las solicitudes correspondientes a la empresa de administración.

Ambos propondrán los puntos ideales de agua y luz en los puntos más comunes, según su criterio, pero aquí también el usuario tendrá que dar su opinión según sus necesidades y el resultado será una mezcla de solicitudes, normas y consejos sobre la base de la experiencia de otros trabajos anteriores. También se debe contactar con técnicos especializados, por ejemplo el de los aires acondicionados para tener lista la tecnología deseada >>.

La principal diferencia entre la propiedad residencial y la comercial es que los sistemas de propiedad comercial a menudo están "expuestos", tanto por una reducción significativa del costo de la obra, como porque se pierden de vista en el gran espacio o pueden camuflarse en una estética totalmente industrial, bastante despejada por las aduanas hoy en día.

- Carpintero, instalador, alicatador, ingeniero de gas, carpintero:<< llama a estos trabajadores capacitados para la realización de obras que no se pueden dañar, aunque sigas trabajando en la casa. Barreras, escaleras, adornos, contra-techo, azulejos de baño y cocina, pisos pueden ser realizados sólo si no se trata de una superficie delicada que pueda ser dañada, como por ejemplo la madera y superficies similares: en este caso se espera que casi todos hayan terminado y estén pendientes, o alternativamente que tengan que estar pendientes y se envuelvan para protegerla, aun con riesgo de ensuciarla. De la misma manera, se pueden hacer los primeros acabados y detalles. Siempre hay que tener en cuenta que si se elige un llamado suelo flotante, que se superpone al suelo existente, esta instalación debe hacerse antes de la puesta en servicio de las puertas porque la altura del suelo variará obviamente y, en consecuencia, también el tamaño de las nuevas puertas que se soliciten en la puesta en servicio. Normalmente se tiende a dejar el cambio de puertas y ventanas para el final (pudiendo por razones de seguridad), para no correr el riesgo de arruinar los nuevos materiales debido al gran ir y venir de las personas y sobre todo el transporte y montaje de los nuevos muebles o de los muebles antiguos que han sido trasladados. Los accesorios y las puertas y paredes se terminan entonces con los relativos zócalos o decoraciones, que tienen la función de proteger los materiales y ocultar cualquier defecto de corte o instalación >>.

- Pintor: << normalmente es el último en llegar y se encarga de arreglar todos los pequeños defectos y luego los cubre primero con blanco, y luego da personalidad a la casa con color. En teoría, debería pintar en blanco antes del montaje de los nuevos muebles y una vez montados, dedicarse al color: esto facilitaría los tiempos y la tarea del pintor, pero si no fuera posible, puede hacer todo más tarde >>.

A diferencia de lo que ocurre con las propiedades residenciales, aquí el pintor debe ser mucho más un artista que un intérprete: manteniendo siempre ciertos estándares de calidad, debe colaborar con el inversor y el diseñador para encontrar soluciones cromáticas adecuadas que reflejen las características distintivas de la empresa, y por lo tanto tienen que ver con una estrategia de marketing definida, y luego destacar los puntos importantes dependiendo de la actividad a realizar. Por lo tanto, debe hacer más cantidades y ser eficaz; tal vez pueda permitirse ser un poco menos astuto (a diferencia de lo que ocurre en el ámbito residencial), porque lo que será decisivo es el aspecto general de la intervención.

- Muebles, luces, decoraciones: por último pero no menos importante, encontramos la diversión, pero no secundaria, parte de embellecer el lugar: mucha gente lo hace a menudo " fortuitamente " mezclando estilos, colores y materiales que son inconsistentes y arruinando algo que se pensaba y que tenía un costo importante.

El estudio detallado es esencial en las viviendas, y en las instalaciones es fundamental:

- LUCES: deben tener en cuenta también y sobre todo el consumo (así como toda la maquinaria con la que abastecemos el local) porque hay empresas que cuentan con muchos horarios de apertura; afortunadamente la tecnología se une ofreciendo una gran variedad de luces de neón o LED, con gran ahorro de energía y soluciones estéticas y de colores de todo tipo. En general, luego hay que reflexionar sobre las luces cálidas o frías dependiendo del tipo de trabajo que se vaya a realizar. No hace falta decir que las luces frías son generalmente más brillantes y también resaltan los defectos de la habitación; las luces cálidas se utilizan generalmente más para las actividades nocturnas porque también afectan al ambiente de la tienda.

- MOBILIARIO: el mobiliario de una tienda consiste en todo lo que es visible para el público, y por lo tanto contempla cualquier asiento, espacio de ocio, entrada, espacios de servicio público como expositores o mostradores y atención al cliente. Todos estos espacios visibles deben estar dispuestos de manera funcional, para permitir el correcto desarrollo de la actividad y respetar un cierto gusto estético.

No cabe duda de que existen situaciones en las que la maquinaria, en determinados estilos de industria, se integra a veces en el concepto de propiedad comercial como parte del mobiliario: pensemos en los grandes vacíos situados en los grandes supermercados o tiendas, tan potentes e invasivos a la vista que con el tiempo se han puesto de moda, marcando un estilo de propiedad comercial con sistemas expuestos. Pensamos en una cervecería o en una gran bodega profesional, donde a veces incluso hay verdaderas cisternas a la vista y se organizan visitas guiadas para explicar las distintas etapas de la elaboración. Incluso en un restaurante, por ejemplo, hay una zona de pizzería o una zona de cocina "abierta", y por lo tanto en estos casos se produce la transformación del espacio técnico en un espacio absoluto del primer piso dentro de una habitación. Es obvio que por estas razones debe ser ubicado y diseñado de manera que sea fácil y al mismo tiempo tenga una función estética.

DECORACIONES: las decoraciones son todos aquellos elementos accesorios que dan personalidad y singularidad a una tienda. Pueden ser algunos muebles o luces particulares con la función de llamar la atención, pero también pinturas, estatuas, jarrones, áreas, detalles originales destinados a crear una especie de contexto o escenografía. Deben ser armoniosos con el resto y caracterizar la tienda para que sea atractiva y original para los clientes. Las palabras clave en esta área son equilibrio y consistencia: decorar con algo que cargue demasiado el ambiente es perjudicial. Todo debe tener una forma armoniosa y ser notado con la importancia adecuada. Si algo no se nota, ni individualmente ni sirve para establecer una determinada coreografía, a menudo significa que es demasiado.

El exterior de la habitación: << es el único elemento que puede ser independiente del resto y puede tener un valor no consecuente: es decir, puede ser reformado o no más tarde o en un espacio de tiempo diferente. Según las características técnicas de la casa, es necesario intervenir en los tejados, las fachadas, los jardines, las entradas, los espacios accesorios y las puertas. Evidentemente este tipo de intervención requiere "una amplia revisión" que no forma parte de los temas de este libro, sino que tiene mucho más que ver con la arquitectura >>.

El exterior de un local comercial también debe tener la función de llamar la atención. Debe incluir un signo con los rasgos distintivos de la empresa, cuyas características deben ser estéticas y también muy visibles. El nombre y los logotipos de la empresa estarán en el signo y el tipo de producto o servicio que ofrece debe ser claro.

Ya hemos hablado de la importancia de la entrada, que caracteriza la continuidad entre el exterior y el interior.

Ya hemos mencionado el hecho de que es aconsejable tener espacios accesorios fuera de la tienda, que serán explotados según la actividad; pero una de las cosas casi esenciales de una propiedad comercial es la facilidad de estacionamiento. De hecho, si es cierto que hay propiedades de este tipo también en zonas peatonales (donde sin embargo siempre hay aparcamientos de pago en las inmediaciones), tener un aparcamiento privado, anexo a la tienda, es siempre uno de los puntos fuertes que pueden determinar su éxito: el caso más sencillo en el que hay que pensar es el de las "compras semanales": ¿qué supermercado tendría éxito sin aparcamiento? ¿Cómo podrían los clientes llevar sus compras si no hubiera posibilidad

para aparcar en la inmediatez? Otro caso importante es el de un restaurante de comida rápida: si aspira a hacer grandes números, no puede ser ubicado en ausencia de un aparcamiento o una zona peatonal (con un alto tráfico) porque su modelo se basa especialmente en la comodidad de las personas.

BAR-STAGING

A partir de una visión general, definimos la puesta en marcha de un bar como una "intervención menos agresiva" que la renovación total, pero igualmente eficaz: en efecto, no se trata tanto de la sala propiamente dicha (destinada a la propiedad), sino más bien de la actividad que tiene lugar en el interior con un re-posicionamiento o un cambio de mobiliario, de colores, de luces y tal vez de la redistribución de los principales puntos de atención al público. Evidentemente, esta intervención debe respetar las reglas de estilo y de equilibrio que sólo un profesional o una persona muy experimentada puede darle: es muy frecuente ver cómo el haz-tu-mismo influye en los inversores inexpertos, que muchas veces no siguen ningún criterio lógico y recrean ambientes absolutamente carentes de personalidad y consistencia. Es un poco como cuando se toman fotos en una boda: por muy avanzada que esté la tecnología en los últimos años, se sigue pagando a un profesional por grandes cantidades, porque se inmortalizan esos momentos: es normal que, al ser un momento irrepetible, no se quiera cometer un error, y se sabe perfectamente que éstos pueden producir cientos de tomas de notable calidad, en perjuicio de los que, con el hágalo usted mismo, podrían hacer una docena de excelentes fotos. De hecho, el profesional tiene tal formación que sabe encender bien el sujeto, añadir ciertos detalles que se desprenden, utilizar algunas técnicas (por ejemplo las luces) para acentuar ciertas atmósferas y organizar los espacios de manera que los sujetos sobresalgan. La intervención de remodelación en el escenario del bar es la misma, porque si se hace profesionalmente puede hacer brillar absolutamente una tienda, de una manera tan extraordinaria que la práctica del hágalo usted mismo es absolutamente perceptible "a la vista" de cualquiera que sea aficionado, al hacer una comparación.

Sin embargo, hay un paso más que diferencia un trabajo profesional en este campo y es la aplicación de un cambio que refleja la rentabilidad de la empresa: habiendo hablado ya de la relevancia del mostrador en un bar, tomamos ese ejemplo para resaltar lo mucho que este elemento distintivo podría influir en la rentabilidad y también en la geografía y la disposición de la tienda. << Sabemos que el mostrador del bar es una clave y hemos pensado en una hipotética ubicación; ¿estamos seguros de que es la correcta? >> El mostrador es quizás el carácter más distintivo de este tipo de ejercicio y siempre debe estar situado en un primer plano, completado por el mostrador trasero donde se suelen colocar botellas o vasos, o utilizarlo como decoración. Si pensamos en una tienda de forma rectangular, no es lo mismo colocarla en la parte inferior, en vez de al principio, que frontalmente o lateralmente: son decisiones absolutamente decisivas y difíciles para una persona inexperta, porque perdería demasiada importancia y sería difícil de alcanzar en ciertos tipos de bares nocturnos, disminuyendo irreparablemente el volumen de ventas. Demasiado cerca de la entrada podría ser una solución estética dramática y no tentarle a entrar en el salón principal, que siempre parecería un lugar oscuro y distante. << ¿Y si lo ponemos en medio de una isla? ¿Y si lo hablamos directamente desde el lado? >> Cualquier decisión cambiará el resultado económico de esta empresa para bien o para mal porque el producto principal de este tipo funciona en esta zona. El hacerlo uno mismo en estos casos podría ser vital, porque tendemos a pensar sólo en el sentido estético y no en la practicidad del trabajo o la rentabilidad de la tienda. También hay otros criterios a tener en cuenta, para evitar ver situaciones desagradables, como "un mostrador cerca de los baños" (donde incluso se sufren olores o situaciones embarazosas a la vista), o demasiado lejos de la cocina, lo que implica más personal y menos control. Luego queremos hablar de la elección de poner o no taburetes que determina el tipo de clientela que tendrá... Cuando el cliente "come y bebe en el mostrador" está claro que hay que trabajar en un sistema diferente al del clásico servicio de mesa. Hablemos del color o de los materiales... Aparte de un criterio estético, debemos evaluar el costo y la durabilidad de uno de los principales actores de esta actividad.

Podríamos continuar durante horas hablando de cada detalle de un mostrador, y piensas que estamos sólo al principio porque entonces tenemos mesas y sillas para discutir otras horas, entrepiso o habitación separada, cocina abierta o no, servicio clásico, autoservicio o servicio de mesa con espectáculo. Entrada de un cierto tipo en lugar de otro. Terraza, luces, decoraciones, etc... para cada elemento podríamos pasar horas discutiendo: sin embargo el concepto principal es sólo << cada elección en un local comercial se refleja directamente en el volumen de ventas >>, porque puede hacer las tareas más o menos fáciles de llevar a cabo, o puede hacer un lugar más o menos agradable y atractivo. Esto no quiere decir que un bar perfectamente establecido funcione necesariamente, porque posteriormente entran en juego factores personales y de gestión de los distintos empresarios, pero seguramente, establecerlo incorrectamente es como empezar con un handicap en una carrera de obstáculos.

<< La practicidad añadida a un excelente resultado estético y la optimización de los ingresos a través de la organización de los espacios >>: esto es lo que he llamado el establecimiento de un bar.

El inversor novato casi siempre piensa sólo en la estética, y en la mayoría de los casos (al no ser profesional en esta materia, deslumbrado quizás por las buenas ideas), no tiene la competencia para desarrollarlas y ejecutarlas correctamente. El resultado es a menudo llamado monotonía, con habitaciones bastante estándar y poco interesantes; peor aún cuando no son muy funcionales. Pensemos en los que han tenido en el pasado (hoy en día hay reglamentos más estrictos y ciertas cosas no son practicables), << la brillante idea de colocar una cocina de restaurante en el almacén subterráneo >> o en el piso superior, simplemente con el objetivo de aumentar el número de mesas en unas pocas unidades. El espacio es, sin duda, muy importante, y cuantas más mesas tenga, más colecciones potenciales podrá expresar. Pero, ¿puede imaginar el inconveniente de tal solución y todas las consecuencias que conlleva? Tenga en cuenta que hay ciertas situaciones en las que es necesario, sobre todo en la ciudad en lugares antiguos o pequeños en los que hay que inventar soluciones, pero poder elegir esta es una de las soluciones típicas que "le hará perder dinero" porque probablemente requerirá más personal o la instalación de un montacargas, sin resolver nunca el problema de la practicidad y ralentizando el servicio ofrecido.

No hay nada que esté ubicado al azar en un espacio comercial, ni siquiera los detalles que parecen más insignificantes.

El mobiliario y la decoración tampoco son secundarios: ¿alguna vez ha entrado en un lugar que estéticamente tiene una apariencia y luego, una vez dentro, se siente completamente fuera de contexto? Las contradicciones. El empresario inexperto a menudo se mueve de esta manera: abuso del "hágalo usted mismo" y luego cuando ve que los resultados no llegan, comienza a escuchar todas las voces:

<< ¿Por qué no añade esto? >>, << ¿por qué no cambias el otro? >>: su trayectoria pasa por lo tanto de "haber montado una habitación monótona" a convertirla en una "habitación sin sentido" porque añade y cambia detalles u objetos (muy a menudo también buenos y caros), que sin embargo no se casan entre sí, hasta que se llega a una mezcla no homogénea o a una mezcla de objetos en desuso, puestos al azar (para que conste hay habitaciones de este estilo, pero están absolutamente estudiadas: cada objeto o cosa "puesta al azar", en realidad no es "nada, porque" todo sigue unas reglas y una coherencia de estilo y diseño).

¿Qué significa este argumento? Que la creación de un espacio comercial para que esté listo para acoger una actividad no es en absoluto una cuestión que se pueda "hacer bien", porque cada error afecta al trabajo y a las entradas. Las actividades ya implican muchos riesgos y muchas variables por naturaleza: ¿por qué añadir un problema? ¿Sólo para salvar algo o para un afán de liderar? Hay expertos en lo que hemos llamado " puesta en marcha de un bar": si hablamos sólo de criterios estéticos, por ejemplo, un profesional de la puesta en marcha de un hogar o un buen decorador o arquitecto general puede diseñar la sala sin ningún problema. En cuanto al inversor no calificado y sin experiencia, seguramente al menos sería agradable: y de hecho es el error que muchos cometen, porque se detienen a mitad de camino: hay bares hermosos ciertamente diseñados por un profesional que, sin embargo, normalmente se dedica al mercado residencial: por múltiples razones el resultado puede ser absolutamente agradable, pero con enormes problemas desde el punto de vista de la vida empresarial: la belleza no es el único factor determinante. Así que para obtener un resultado superior habría que contratar a un profesional del bar, o de la remodelación de un local comercial (por lo tanto usted es un decorador o un arquitecto pero que está puramente formado en el campo comercial), pero aquí ya estamos en el campo de los " Bienes Excepcionales " porque pocos tienen las habilidades para hacer tal trabajo. Sin duda, hay que tener experiencia en dibujo, para organizar los espacios, pero también experiencia en el tipo de negocio que se va a realizar y experiencia en marketing comercial y muchos otros tipos de experiencia. Yo personalmente, por ejemplo, tengo todas las aptitudes y la experiencia necesarias para realizar un trabajo de este tipo, dada mi trayectoria profesional, pero sólo en el ámbito de la restauración o de los locales de ocio; por ejemplo, si tuviera que hacerlo en un supermercado no me sentiría cómodo, porque aparte de los criterios estéticos, no conozco ese tipo de actividad y por lo tanto no sabría cómo optimizarla: por esta razón mi "especialidad" y mis consejos sólo los ofrezco en el tema en el que tengo aptitudes específicas: es decir, el ocio y los locales de comida y bebida.

Las grandes empresas, por ejemplo, tienen su propio equipo que sólo se ocupa de montar una tienda tras otra. Pensamos también, por ejemplo, en las franquicias que pueden ser tiendas muy grandes (o pequeñas), en cualquier caso, imitadas en muchos lugares manteniendo los mismos rasgos distintivos, las mismas reglas estéticas y de estructuración en función del diseño original de la empresa matriz, adaptadas a los límites técnicos del inmueble que se está amueblando. Incluso tienen parámetros tan ajustados que muchas veces discriminan determinadas zonas por su ubicación, características y limitaciones del inmueble (a menudo la empresa matriz se niega a realizar la operación).

Normalmente las empresas más pequeñas resuelven el problema de la decoración profesional de una estancia, con una mezcla de figuras y una unión de intenciones: el propietario dicta las directrices y explica qué tipo de negocio pretende montar; luego hay un arquitecto o decorador que se encarga de la parte estética; si no se tiene visión de futuro, la parte de ductilidad y funcionalidad ligada a la organización del trabajo queda un poco descubierta, algo que se compensa con tiempo y experiencia, o que debe confiarse a un tercero profesional, que se dedica exclusivamente a ello.

INVERSIONES A ESCALA

La verdad es que hay muchos inversores sin experiencia, pero en otros casos, encontramos empresarios muy preparados y con tan buenos resultados que son capaces de ampliar su negocio rápidamente. Ya hemos hablado de la franquicia como el sistema más intuitivo para reproducir lo que ha tenido éxito en una tienda, reproduciendo de forma sana en otros lugares. Este es el modelo más sencillo de ampliar una inversión comercial. Pensamos en las cadenas hoteleras más que en los supermercados: una vez que la primera se monta y produce altos rendimientos, lo más fácil es imitar el mismo modelo a una distancia de no competencia, minimizando así los riesgos, porque se adopta un proyecto ganador, y tratando de controlar el territorio: estos son los dos primeros pasos para construir una red de puntos de venta y por lo tanto dominar el mercado con su propia marca. Entre otras cosas, hay que analizar también una cuestión fiscal: todos sabemos que los dos primeros años de una actividad tienen la costumbre de que se produzcan pérdidas por la puesta en marcha, por la resistencia del mercado y por la amortización de la inversión que pesa sobre el presupuesto: en pocas palabras, se paga el impuesto para estar en el principio. Pero luego, si todo va bien, se alcanzan los puntos de equilibrio y aparecen los primeros beneficios. Sin ánimo de ofender a nadie, a ningún empresario le gusta pagar demasiados impuestos y cuando una empresa empieza a producir muchos beneficios, el inversor debe preguntarse si es mejor pagar impuestos (lo que sería un gasto seco) o invertir de nuevo. Podría volver a invertir en la misma actividad inicial y actualizarse, pero eso lo di por sentado en el análisis, como práctica normal para mantener una tienda actualizada. La otra posibilidad que tiene es invertir en otra propiedad o en otro negocio: por lo tanto, reduciría los impuestos porque en este caso se trataría de poner la nueva operación a "costo", y sus beneficios se reducirían a cero en los estados financieros. Esta práctica es totalmente legal y no es en absoluto una forma de eludir los impuestos; piense en un supermercado que reinvierta para abrir otro: seguramente pondrá la operación a coste y por lo tanto no pagará impuestos sobre la iniciativa anterior. ¿Por qué las instituciones le permiten tal operación? Piense, por ejemplo, en cuántos puestos de trabajo genera esta operación y en cuánta actividad económica adicional. A su vez, estos factores conducen a nuevos impuestos o a un nuevo retroceso, si hay nuevos beneficios presupuestarios, y así sucesivamente. Es evidente que el sistema está correctamente montado para promover la actividad empresarial, el trabajo y la vida económica, con todos los beneficios que se derivan de una actividad positiva.

Sin embargo, existe otro sistema de hacer negocios y "no es copiar el modelo exitoso", sino por el contrario diferenciarse, tener el control de todo un sector, más que diversificar los riesgos, más que por conveniencia del mercado: no es raro que algunas marcas famosas de productos específicos comiencen a producir algo diferente o que no tenga nada que ver con el producto original; me viene a la mente el ejemplo de la marca Yamaha, por ejemplo, un fabricante muy famoso de motocicletas de todo tipo. Tal vez no todos sepan que para escalar su inversión, por ejemplo, la misma marca también produce otras cosas, como motores para barcos, que tienen poco que ver con las bicicletas de calle. La razón que mueve esto es la misma que acabamos de explicar sobre los impuestos y la re-inversión, pero en este caso la forma es diferenciar el producto. En cuanto a las propiedades comerciales, la puesta en escena podría ejemplificarse con esta paradoja: <<Soy el propietario de una cafetería muy famosa y tengo grandes beneficios: ¿qué hago? >>Una de las posibilidades sería abrir otra cafetería idéntica en otro lugar, pero ¿por qué no pensar en un restaurante de negocios? Y así pasamos a "controlar" el mercado en un rango de tiempo más amplio y con una clientela con capacidades económicas superiores. Si se obtuvieran más beneficios de las dos iniciativas emprendidas, y se quisiera optimizar los ingresos, aprovechando el marketing, se podría ampliar la actividad del restaurante y convertirlo también para el trabajo nocturno, donde se aplica una política de precios más elevados. Pero no se ha acabado: en otra propiedad, siempre utilizando los beneficios de los activos, puedes decidir, al final, incluso invertir en una discoteca. Con actividades tan diversas e independientes, pero pertenecientes absolutamente al mismo nicho (alimentación y ocio) y un buen marketing, se puede "controlar" absolutamente una buena parte del público, leal y numeroso, porque el mercado de ese sector está siendo dominado con operaciones contiguas entre sí: irónicamente un cliente podría pasar un día de 24 horas en las empresas descritas, a veces incluso sin saber siquiera quién es la propiedad. "Posteriormente, a partir de esta base de clientes, a través del conocimiento, se generará un círculo virtuoso de rotación de clientes y todo lo que vendrá después. En resumen, en lo "comercial" no hay límite a la capacidad de ampliación de la empresa: el único detalle es que hay que estar realmente preparado en el trabajo, cumplir con un sistema verdaderamente productivo y luego organizarse para reproducirlo mejor que la competencia.

76

CAPITULO 4: MARKETING PARA EMPRESA

LA DIFERENCIA ENTRE EL MARKETING Y LA PUBLICIDAD

Estos dos conceptos se confunden a menudo entre sí como si fueran un sinónimo, pero en realidad deben considerarse "el contenedor del otro". El marketing no sólo incluye la publicidad, sino que es todo << un conjunto de acciones y planes a través de la calificación de un resultado >>, que en la mayoría de los casos conectan << el aumento del valor de una marca o de una marca >> (con consecuencias económicas para la empresa de referencia).

El empresario inexperto lo traduce, trivializándolo, a menudo con << comprar un número infinito de productos publicitarios>>, o duplicar los anuncios y cuñas publicitarias, porque piensa erróneamente que esto significa "hacer más marketing": esta definición es errónea, porque << el marketing es sólo uno>> y no tiene cantidad (la publicidad se mide en cantidad, el marketing no). Es un proyecto único que, a través de acciones estudiadas y variadas, vinculadas entre sí, generan un resultado.

Tomemos algunos ejemplos prácticos muy intuitivos: <<
tasa 20 anuncios y actualizaciones de radio y televisión
aumentada a 100 es el medio de comercialización? >>
Sinceramente, si estas son las últimas palabras de la
discusión, la respuesta es negativa: esto se hace
simplemente de los costos de publicidad en promedio, que
a corto plazo también puede asumir un resultado, porque
es estadístico que se hacen más anuncios y se tienen más
posibilidades de ser visto (lo que estoy usando es un
modelo muy simplificado, porque también debemos
discutir la calidad de estos anuncios y dónde están fuera.
Por lo tanto se llama "publicidad" << el acto de aumentar
la visibilidad >> a través de acciones, sin que
necesariamente haya una estrategia global que no sea el
"propósito de aumentar directamente las ventas": es
posible, si es tajante, intervenir para aumentar la liquidez a
corto plazo, pero a largo plazo sus beneficios son difíciles
de medir. La publicidad tiene sentido cuando se promueve
algo en concreto, por ejemplo un evento o una novedad, y
se quiere hacer llegar esta información lo más rápidamente
posible a un gran número de posibles usuarios. Tomemos
el caso de una sala de entretenimiento: el resultado de la

publicidad es medible cuando, a través de nuestros anuncios, muchas personas se reúnen en un concierto; en este caso su eficacia está probada. Sin embargo, una vez terminado el concierto, su función se agotará prácticamente y por lo tanto puede no tener ningún efecto en el futuro: por lo tanto, debe contarse como un costo, necesario para organizar ese evento. Al proceder al análisis de los costos de esta acción, será necesario ver si valió la pena o no. Por el contrario, por otra parte, la estrategia de "hacer conciertos de música en vivo" puede considerarse una estrategia de marketing para este tipo de ejercicio: probablemente sea insuficiente para que funcionen las necesidades de una empresa de espectáculos, pero si se combina con otro largo período (que veremos más adelante), puede tener un éxito absoluto. Entonces, ¿en qué se diferencia de la publicidad? Sencillo: la publicidad es el medio para organizar un evento, pero el hecho de construir una historia de eventos y de reciclar continuamente a la gente en ese lugar es una acción de marketing: el objetivo de hacer música se convierte así en una oportunidad para atraer a un público que luego se estaciona, pasa y se divierte y que a su vez atrae a otras personas para el próximo evento. Todas las opciones de comercialización implican costos, pero están destinadas a formar un plan general que debe conducir a aumentar el volumen de negocios de la empresa y el valor de la marca. Ahora es fácil comprender cómo el marketing es en realidad el " impulsor " de una acción, y la publicidad es sólo un " intérprete ", es decir, una mera herramienta (entre otras cosas, no la única), para conseguirlo, pero todo según lógicas bien estudiadas de antemano.

EL MARKETING DESPUÉS DE COVID-19

Es muy difícil saber cómo evolucionarán las actividades estratégicas después de esos grandes cambios; lo que puede formularse como hipótesis es que los sistemas cambiarán, pero no la esencia y la lógica que siempre han guiado las decisiones empresariales ganadoras desde el período de la "revolución industrial" en adelante.

Intentemos imaginar cómo cambian los mercados y, por consiguiente, la comercialización en un período posterior al virus. Claramente nuestra atención se centrará principalmente en las inversiones inmobiliarias y las actividades comerciales.

<< No voy a seguir hablando del virus de la Corona como tal, porque lamentablemente todos hemos experimentado el período de esta pandemia mundial que nos acaba de afectar y que ha cambiado nuestras vidas, obligándonos a refugiarnos en la casa para escapar de ellas, pero bloqueando completamente el sistema económico directo de los diferentes países (afectando indirectamente a toda la economía mundial como resultado). Todos sabemos ya dónde nació y cómo se extendió, conocemos el número de víctimas y las medidas restrictivas que tuvimos que tomar, pero aún no conocemos exactamente las cifras de los daños económicos: tal vez tengamos una idea personal, que varía de una empresa a otra, según lo que se facturó en 2019 y no se facturará en 2020, pero las consecuencias de todo esto no se limitarán sólo a 2020 y hoy en día es difícil estimar exactamente cuánto afectará a los años siguientes.

¿Se pregunta esta posibilidad? Tal vez alguien se ha engañado a sí mismo que con unos pocos meses de aislamiento todo esto pasaría y podría ser catalogado como un mal recuerdo para ser olvidado tan pronto como sea posible. Lamentablemente no será así y aunque sólo sean teorías, intentaré explicárselas de la manera más práctica posible, a través de ejemplos, para que cada uno pueda hacer sus propias preguntas. "Preguntas": sí, porque actualmente nadie es capaz de dar respuestas absolutas; sólo se pueden hacer suposiciones.

Lo que es seguro es que nada será igual que antes, porque el mundo actual se ha encontrado vulnerable a algo que ni siquiera Bin Laden y su organización terrorista habían llegado a hacer: en 2011, de hecho, los actos terroristas han hecho que el mundo se sienta más solidario y unido, fortaleciendo el deseo de unirse y colaborar para superar lo que había sido un vil ataque. Era casi como si el terrorismo hubiera sido derrotado, aparte de por el ejército de los Estados Unidos, por sí mismo, ya que había logrado la unión bajo la bandera de las Naciones Unidas, con un sentido y un deseo de libertad y una actitud favorable inimaginables: los seguidores de los terroristas se hubieran asustado, pero ciertamente no habían bloqueado el mundo: el mundo, en cambio, lo bloqueó covid 19 nueve años más tarde. De hecho, este extraño virus, subestimado por todos, se ha ocultado durante meses, disfrazándose con extraños episodios clasificados entonces como simple "neumonía" en los peores casos o extendiéndose entre los asintomáticos. No se le conocía, por lo que nadie le temía, y al principio se posicionó de forma estratégica, para luego aparecer oficialmente en China y posteriormente en Alemania con el paciente o en Europa; pero no oficialmente ya estaba en todo el mundo, probablemente a partir del segundo semestre de 2019, astuto, silencioso. Luego, cuando la "burbuja" explotó y los números se derrumbaron, este extraño enemigo recibió nombre y apellido, y entonces comenzó el miedo, sobre todo porque descubrimos que no podíamos enfrentarlo, ni desde el punto de vista médico (ninguna vacuna), ni estábamos preparados con las instalaciones y los números para enfrentarlo desde el punto de vista de la emergencia sanitaria, con los diversos sistemas nacionales sobrecargados en pocas semanas. Esta vez el enemigo había dado en el blanco: no sólo las víctimas directas, sino todas las consecuencias: el miedo fuera de las puertas de casa. Para demostrar la debilidad de toda una nación, incluso de muchos países. Y sobre todo, para separarse, dado que era una de las pocas guerras en las que los pueblos, tras alcanzar la estabilidad, se sentían más divididos que nunca: las distintas naciones no reaccionaron de forma uniforme, sino en gotas, se implementaron de forma muy diferente en cuanto a tiempos y reacciones. Hubo solidaridad y es cierto, pero tarde y en la mayoría de los casos poco efectiva.

Las personas se han limitado a encerrarse asustadas (y sin comprender) en sus casas, sin siquiera haber abrazado a un miembro de la familia con frecuencia. Fue una de las pocas guerras que se dividieron "antes, durante y después", también porque << amarse en ese momento dolía ", es decir, había que separarse y distanciarse para mantenerse a salvo: cualquier contacto podría haber sido arriesgado. Meses de esta masacre psicológica y mediática que cambiará para siempre la forma en que percibimos la vida. Lamentablemente, los que seguramente constituirán el legado más significativo no serán las buenas intenciones, fáciles de olvidar en unos pocos meses, sino las consecuencias económicas y sociales de la misma >>.

- **CÓMO CAMBIARÁ EL MERCADO INMOBILIARIO A PARTIR DEL 2020**

<< A finales de 2019 iba a grabar mis vídeos constantes de actualizaciones sobre la situación del mercado inmobiliario

en mi área de competencia, y con mucha antelación resalté lo mucho que las previsiones del año siguiente habrían sido claramente alarmantes, prediciendo y anticipando una crisis inmobiliaria a finales de 2020: probablemente, me equivoqué, pero sólo porque era optimista, no podía saber del virus que inevitablemente no hizo otra cosa que anticipar los pasos que de todas formas se habrían dado por otras razones: el ya mencionado caso Brexit, la crisis de los operadores turísticos, el nuevo foco de atención en Oriente Medio y la inflación de las casas de vacaciones. Esperaba, por tanto, la aproximación de una crisis económica (y de un reflejo inmobiliario) que llevaría a la depreciación de las propiedades en el plazo de un año, y en primer lugar de aquellas menos posicionadas o diferenciadas. Además, todos estamos ya claros, este proceso ya está en marcha y todo se está desarrollando muy rápidamente. La particularidad de esta crisis es que habrá pasado de un final del año 2019, con precios muy altos, a un principio de 2020 con precios en fuerte caída: todo en pocos meses y sin previo aviso. Esto en el ámbito residencial, donde sin embargo habrá diferencias para propiedades muy singulares o para zonas particularmente interesantes; probablemente será una catástrofe para las actividades comerciales, de las cuales una buena parte tuvo que tomar decisiones drásticas, como "cerrar sus puertas" o vender, tal vez a un precio muy devaluado, a toda prisa.

En el futuro, probablemente habrá una especie de selección natural, en la que aquellos que no tengan una cierta capacidad profesional o económica estarán destinados a desaparecer del mercado. En cierto sentido, no todos los males se ven afectados porque esto conducirá, a la larga, a una calidad media más alta y a una menor " tasa de inflación ", pero durante este cambio siempre hay alguien digno que lamentablemente no puede " mantenerse en pie " (y alguien que es menos merecedor) que con los medios o la solidez económica resiste y por lo tanto sigue a los mejores).

Por lo tanto, la cuestión importante será pronto la de la liquidez. ¿Cómo se refleja esto en las inversiones? La consecuencia más evidente es la bajada de los precios de venta, pero también hay que tener en cuenta que los precios también bajan porque hay menos gente con la oportunidad de comprar. En realidad, el mercado volverá a ser un mercado de "compradores" (es decir, donde el comprador está llevando a cabo las negociaciones), porque ya hay muchos inversores que se estaban organizando y no se movían, esperando el giro favorable del mercado para comprar. tan pronto como los precios fueran más accesibles. De hecho, en los últimos años había habido una arrogancia bastante generalizada por parte de los propietarios a la hora de fijar los valores de sus propiedades, y el buen inversor había dejado de comprar, "dejando comprar" sólo a particulares, que tenían intereses personales, en lugar de necesidades eventuales, y ciertamente no podían esperar años para que cambiara un ciclo comercial. Así que pensar que no hay compradores es un error, pero ahora el tipo de comprador cambiará: sin embargo, hay que tener cuidado de no dejarse engañar por el "mito del inversor". Muchas veces hemos escuchado opiniones de vendedores que definieron sus propiedades o negocios como << perfectos para un inversor >>, a menudo apoyados sólo por su deseo o interés personal de confiar en ello. Inversionista no significa "tonto", todo lo contrario!. El inversor experimentado, por ejemplo, es la antítesis exacta del propietario, es decir, a través de su comunicación, que << todo vale menos, en realidad, que el valor que se le asigna >>. Así que, por un lado, el propietario tiene una tendencia a hincharse; por otro, el inversor agresivo tiene una tendencia a demostrar que vale mucho menos en el mercado. ¿Cómo pueden los propietarios esperar en vano que los inversores sean los salvadores de la patria? La realidad es que son profesionales de la inversión y no están acostumbrados a comprar en el mercado.

- << A menudo me han ofrecido proyectos de marketing, para edificios antiguos, a un precio que en este ejemplo definimos como 100. El objetivo que, según el propietario, debería haber encontrado era "un inversor", porque un particular no podía permitirse ese desembolso >>: lo primero que se hace en estos casos, es buscar en la agenda los 5 primeros números de los inversores más importantes de la ciudad y empezar a llamar. Lamentablemente, a menudo la respuesta es <<Gracias, pero no me interesa, porque estoy vendiendo "el nuevo a 110", y por lo tanto cuesta demasiado. De hecho, compraría lo que me ofreces, a un precio entre 50-60 porque tal vez vale 70. Así que

considerando todos los gastos, a este precio que usted propone no es económico >>. Es bastante obvio que me niego, independientemente de las asignaciones de este tipo, justo después de haber informado al propietario de las respuestas de este tipo (y haber visto que su reacción es absurda: << entonces tratemos de bajarlo a 95 >>. << ¡¿Pero si es 70?! >>). Espero que quede claro que para este tipo de propietario, el inversor nunca será un recurso, así como esta propiedad nunca será comprada por un inversor (y probablemente bajo estas condiciones ni siquiera por un particular), porque está fuera del mercado.

Por lo tanto, estoy describiendo un escenario muy complejo, en el que será absolutamente necesario un cambio de mentalidad por parte de los propietarios y una responsabilidad por parte de los compradores: los primeros tendrán necesariamente que adaptarse al mercado, a menos que decidan y puedan permitirse esperar un nuevo ciclo económico dentro de unos años, y los segundos no tendrán que "tirar demasiado de la cuerda" y presentar ofertas absurdas. A partir del equilibrio de las dos posiciones, el sistema inmobiliario volverá a girar y a producir, y sorpresivamente podría ser uno de los primeros en recuperarse, al menos en la zona residencial de ciertas zonas geográficas. Por lo tanto, todo depende de la mentalidad y del equilibrio entre la oferta y la demanda: cuanto más rápido se adapte al nuevo mercado, más rápido volverán las transacciones >>.

- CAMBIOS SOCIALES Y ECONÓMICOS<< Veo que la parálisis del sistema inmobiliario no se espera por lo mismo, más bien un cambio, por el contrario un giro radical en los usos y costumbres de las personas y el consiguiente cambio económico de la abundancia por sectores es bastante probable.

Sectores de cambios sociales y económicos. Como aprendimos en la carta escrita por covid-19, esta experiencia cambiará ciertos sistemas y formas de pensar, y sobre todo se referirá al espíritu empresarial y a la forma de pensar sobre la vida corporativa. Tal vez la verdadera función del virus, al final, será la de llevarnos realmente al siglo XXI, porque hasta ahora todo había permanecido exactamente igual que en el siglo XX, con una lenta e inexorable caducidad de los productos y del servicio en general. ¿Es esta la ocasión para una verdadera revolución económico-industrial?

Los primeros efectos de esta experiencia se han visto en el comercio y los servicios. Como las primeras actividades fueron bloqueadas por los decretos restrictivos, cerraron el almacén físico y organizaron o reforzaron un comercio en línea ya existente. Obviamente, los bares, por ejemplo, no pueden prepararnos un cóctel en línea, ni ofrecernos agregación y diversión; pero aparte de estos casos, pensemos en la comercialización de ropa, artículos para el hogar, productos en general y productos alimenticios en sí mismos (muchas personas han comenzado a solicitar más servicio de supermercado a domicilio por temor a salir a comprar de primera mano): antes sólo un pequeño nicho utilizaba estos servicios en línea en este sentido, pero con un confinamiento limitado, durante meses, se han acostumbrado cada vez más a buscar un producto en Internet y a solicitarlo para su envío. En este sentido, es posible pensar que las empresas de este tipo, en el futuro, fortalecerán aún más esta rama, y esto también podría cambiar la lógica de las tiendas, que siempre han funcionado hasta ayer. Es bastante obvio y evidente que por lo tanto habrá muchos cambios desde el punto de vista organizativo y social, porque la gente se acostumbrará a diferentes cosas para satisfacer sus necesidades, y de esto el mercado tendrá absolutamente todo en mente. En el mercado inmobiliario, por lo tanto, las valoraciones cambiarán, ciertamente también las estrategias en el campo comercial, que determinarán nuevas reglas: ahora más que nunca será necesario mirar hacia el futuro, porque se juega otro tipo de juego >>.

- **MERCADO RESIDENCIAL: LO QUE CAMBIA**

<< La propiedad siempre ha tenido un importante y claro valor intrínseco desde los primeros tiempos. Recuerda que en el viejo oeste, cuando las colonias y las colonias de personas iban en busca de suerte. No hablo de una búsqueda especulativa y aleatoria de oro, sino de una forma más sólida y segura de inversión o "tierra". Este ejemplo significa cuán fugaces son las inversiones seguras e incluso arriesgadas, a pesar de otras que son absolutamente siempre funcionales y con baja probabilidad de riesgo: << una casa siempre es una casa, vale mucho o

pierde valor, siempre valdrá algo> >, y al mantener la propiedad puede ser usada para diferentes usos:

- USO PERSONAL: tenemos en cuenta que todo el mundo necesita una casa, usada para residir y vivir. La casa puede ser "propiedad" o "alquiler a largo plazo". Una valoración interesante es que irónicamente podríamos decir que en Europa, o en los Estados Unidos, << hay más casas que familias >>.

En este caso, el escenario se mantendrá casi constante aún hoy, porque todos seguirán necesitando "un techo"; sin embargo, puede haber una redistribución después de covid-19.

- USO RENTABLE: siguiendo el razonamiento anterior, los propietarios, que en cambio pueden permitirse contar con importantes ahorros y liquidez, aprovechando las oportunidades del momento, han adquirido y están adquiriendo más de un inmueble y si a veces éste se utiliza como segunda residencia (de recreo) o para llevar a cabo su actividad comercial o industrial, en otros casos el propósito es invertir para alquilar a un tercero. En el caso del alquiler, por lo tanto, podemos decir que la propiedad fue comprada con el fin de producir capital. Estos capitales serían "el producto de arrendamientos de largo, mediano o corto plazo, según las políticas adoptadas por el propietario". Al definir el largo plazo como "tipología estable", el mediano plazo como "innovación", interesante de vigilar, y el corto plazo como "especulativo" y siguiendo las tendencias, podemos suponer que en el post Coronavirus continuará y se recomendará "el alquiler a largo plazo".

- FUERA DE USO: Te sorprenderé hablando de esta categoría porque es muy interesante. << ¿Quién le dice que todas las propiedades tienen alguna función? >>. Sólo pueden existir como resultado de circunstancias imprevistas y ser completamente superfluas o incluso molestas (si pensamos que deben ser mantenidas pagando impuestos y mantenimiento para tenerlas), sin tal vez hacer uso de ellas. Hablamos de inversiones equivocadas, por ejemplo, nunca realizadas o inacabadas, que por lo tanto no están ni siquiera en condiciones de ser alquiladas, o pensamos en las propiedades heredadas: el covid-19 o la vida en general, dejan rastros en el año 2020 de muchas muertes; muchas de estas personas eran propietarios y por lo tanto sus herederos podían ser nuevos propietarios (y pasar de la condición de alquiler a la de tener una primera vivienda) o simplemente podían heredar propiedades en forma inesperada de las cuales no saben objetivamente qué hacer con ellas. Estas propiedades serán verdaderas oportunidades de mercado, en muchos casos porque, una vez superada la barrera emocional, si se hacen cuidadosas evaluaciones comerciales, habrá una buena motivación de venta y, por lo tanto, precios acordes con el mercado: en estas condiciones, muchos posibles inversores querrán ganarlas por motivos personales o de inversión. Es difícil, aunque lamentablemente a veces sucede, pensar que las buenas propiedades permanecen sin uso para arruinarse inexorablemente con el tiempo: un propietario prudente tendrá que pensar cómo utilizar ese capital antes de que se devalúe, porque el tiempo se deteriora sin remedio >>.

• **MERCADO COMERCIAL: LO QUE CAMBIA** << En este campo, reina la incertidumbre total, porque la escala de lo que ha sucedido está aún por medir. Anteriormente mencionamos una especie de selección natural, en la que sobrevivirán los mejores o los que tienen más recursos financieros, y también una especie de cambio en la organización de ciertos puntos de venta y, por consiguiente, del tipo de propiedad: si, por ejemplo, se hiciera realidad a escala la selección y entrega automatizada de las compras en los supermercados, es razonable pensar que las pequeñas tiendas sufrirían el último golpe de gracia, y que las empresas de alimentos se sumergirían en enormes almacenes y depósitos organizando entregas al estilo del Amazonas, en lugar de apuntar a la gestión de costosos almacenes situados en lugares estratégicos. La selección natural y el cambio de concepto están en marcha, por lo que los efectos de estos cambios aún no pueden predecirse. Sin embargo, también hemos mencionado un sector antiguo y costoso, que sin embargo no puede expresarse con las tecnologías actuales y no puede realizarse en forma virtual, porque tiene que ver con la agregación y la producción de "algo hecho en el momento"; si se piensa en ello, es realmente lo único que no puede tener una versión virtual correspondiente. De hecho, aunque no sea lo mismo, en condiciones extremas se puede ver un partido de fútbol virtualmente, o pedir cualquier producto y servicio, o hacer reuniones y tener amigos e incluso una novia virtual: pero nunca "irás al bar virtualmente". El sector de la alimentación y las bebidas no es un tipo de comercio que pueda ser replicado en forma virtual. Seguramente por lo tanto, si por un lado la tienda clásica corre el riesgo de desaparecer debido a los cambios sociales o de hábitos que asumirían las personas, los restaurantes, los bares y los hoteles, como "vendedores de agregados y emociones" y un producto que sólo se puede utilizar de forma tridimensional "en vivo", continuarán su existencia, aunque experimentando una importante inflexión de los números por las razones ya explicadas. Sin embargo, también habrá aquí un importante intercambio de vendedores que, debido al cambio en los hábitos de los clientes o a las cuentas que ya no son favorables, decidirán vender, creando importantes oportunidades de mercado, en posiciones o situaciones que hasta hace algún tiempo eran impensables. Los verdaderos "tiburones" (inversores expertos), deben estar listos ahora con su capital para posicionarse y aprovechar estas oportunidades de mercado.

Pero, ¿cuál es la identidad de este tipo de inversores?

Es absolutamente un perfil muy experimentado y caudaloso, porque lo primero que tendrá muy claro es que no empezará a ganar a corto plazo, sino que se trata de una inversión a lo largo del tiempo: sólo está comprando una buena posición a un precio ventajoso, pero es muy probable que, si quiere montar una actividad hoy, tendrá dificultades como todo el mundo, a menos que vuelva a recurrir a los recursos económicos para construir y posicionar una actividad como líder del mercado. ¿El inversor principiante entonces? Alguien de este otro grupo ciertamente se moverá de igual manera, incluso en condiciones desfavorables, y probablemente caerá en picada especialmente si no tiene habilidades apropiadas en el negocio y reservas económicas para lidiar con los tiempos de crisis. Todos los ciclos económicos ofrecen oportunidades de mercado: el tema es "saber leer la partitura por adelantado" y moverse en consecuencia >>.

EL CORONA VIRUS ES VISTO COMO EL " GRAN GENIO DEL MARKETING"

Pretendamos por un momento que este extraño enemigo no está completamente en contra nuestra, y estudiémoslo como un ejemplo económico para robar sus secretos de una manera totalmente neutral y desinteresada.

Visto así, inconscientemente covid-19, si lo comparamos con una empresa que quiere entrar en el mercado, se ha movido con una inteligencia y estrategia absolutamente únicas e irrepetibles. Pensemos en lo silencioso que permaneció hasta los primeros días de 2020. Se había organizado y había estado reuniendo todas sus fuerzas probablemente por lo menos durante los seis meses anteriores, sin hacer ningún ruido, << escondiéndose y vistiéndose con otros nombres >> (cuando pensábamos que era una gripe o en el peor de los casos una neumonía). Probablemente ya estaba presente en todo el mundo entonces, con las personas inconscientes y a menudo asintomáticas, y se estaba multiplicando, expandiendo y sobre todo posicionándose: el posicionamiento es muy importante en un modelo económico, porque puede discriminar el tamaño, los tiempos y la posibilidad de tener éxito. En el caso del virus, el posicionamiento era inteligente y silencioso, y cuando ya estaba listo para lanzar su ataque, lo hizo << desde el mejor lugar, con la mayor fuerza posible, con rapidez, con el efecto sorpresa, rompiendo la competencia (es decir, dejando indefensos a los distintos servicios de salud) >> y haciéndose rápidamente con una realidad que ha dominado el mercado, es decir, nuestras vidas. De hecho, cuando llegó el momento adecuado, no sólo se dio a conocer, sino que pasó a una fase más agresiva: llegó al "boom", donde derrotó a todo el mundo y cumplió sus propósitos.

Esto, por ejemplo, es también un caso de lo que se llama << marketing oculto >>, es decir, sin publicidad. La publicidad tuvo que ser hecha por el hombre más tarde para entender lo que estaba sucediendo: pero el virus mismo se embarcó en una perfecta estrategia de marketing que rápidamente lo hizo llegar a su objetivo.

Imagino que no es exactamente el ejemplo más agradable que podría usar, pero ciertamente tiene un impacto y puede explicar claramente cómo debemos movernos en el mercado. Se pueden implementar diferentes estrategias (dirigidas a atraer la atención como la publicidad o el ocultismo como en el caso explicado), pero el objetivo es siempre el mismo: la empresa debe crecer y expandirse de acuerdo con un proyecto y unas estrategias bien trazadas y llegados a cierto punto tiene que "explotar" para competir a toda velocidad en el mercado. Por el contrario, si no puede reproducir este modelo de crecimiento, está destinado inevitablemente a decaer porque probablemente se mueve con una lógica de marketing inadecuada.

ACCIONES DE MARKETING EN ACTIVIDADES COMERCIALES

Se pueden implementar diferentes estrategias, pero el punto ganador desde el cual el mundo y el mundo es variar la forma o las formas de proponerse, por lo tanto para anunciar y promover, manteniendo la coherencia en la estrategia y la dirección, en las características intrínsecas de una empresa determinada, con el objetivo de poder representar correctamente las características principales de la misma y su propuesta. Así pues, entendiendo el marketing como << un conjunto de estrategias aplicadas para lograr un propósito predeterminado >>, analizaremos ahora en general las características fundamentales de este tipo de planificación, y luego pasaremos a enumerar y explicar las técnicas más adecuadas para la promoción en el siglo XXI, actualizadas por la tecnología y la agilidad.

Cabe señalar que no se dice que acciones de marketing idénticas produzcan los mismos resultados, discriminando a lo largo del tiempo, en el producto y por las diferentes empresas. A menudo el ojo no experto no entiende por qué una estrategia funciona para ciertas categorías y para otras no, y sobre todo muchas veces la emulación se utiliza como "salida" para resolver problemas: de hecho es de sentido común que << algo que funciona muy bien para alguien podría funcionar también para otros >>, pero lo contrario también es cierto, porque depende de la diferencia de las actividades, cada acción tiene una capacidad de decisión diferente de acuerdo con ciertos criterios ad hoc..

Tomando un ejemplo concreto en el sector de la alimentación, no es lo mismo promover una discoteca que un restaurante para almuerzos de negocios: en el primer caso el objetivo es vender "diversión", por lo tanto hay que crear campañas donde se realce el gusto de estar juntos celebrando, transgresión, movimiento, eventos; en el segundo caso hay que ser más concretos, rápidos y cómodos, porque el objetivo es << hacer claro que la producción de buena calidad se hace a un precio justo >>, que es lo único que buscan los destinatarios de ese mensaje: todos los demás factores que son secundarios y típicos de otros tipos de restaurantes, donde la gente se reúne por placer y por el gusto de comer y no sólo por una necesidad.

Por lo tanto, establecer una campaña de marketing equivocada y no dirigida a los objetivos que son apropiados para su negocio es una pérdida de tiempo y recursos, por lo tanto un costo. También en este caso existe un difundido " hazlo tú mismo " donde muchos propietarios (aparte de sentirse decoradores, empresarios, cocineros etc... y sobresalir en todas estas disciplinas) se sienten incluso expertos en marketing: casi siempre estos temas terminan simplemente comprando algunos anuncios al azar, ¡y ciertamente no aplicando políticas de marketing! Recordemos que quien lleva muchos años ejerciendo en un determinado sector empresarial probablemente sabe hacer todas estas cosas bastante bien y tiene la experiencia para poder al menos distinguir las acciones incisivas de las menores; pero, ciertamente, quien no tiene al menos 15-20 años de experiencia, ¿cómo puede pensar que es tan fácil sustituir a un profesional, de cualquiera de estos campos, que siempre y sólo ejerce su propio tema y lo ha repetido en un número innumerable de ocasiones y en diferentes contextos? Pensemos en lo vano que puede ser, en el ejemplo llevado al extremo, anunciar "la conveniencia o la rapidez de ejecución de los cócteles" en una discoteca; con las partes invertidas, es igualmente perjudicial anunciar la "gran aglomeración de gente y diversión" en un restaurante de negocios: incluso contraproducente, por tanto, en el segundo caso en el que la gente busca algo sencillo y desconecta unos minutos del trabajo. La coherencia, el equilibrio y la claridad son esenciales en el marketing, exactamente como lo fueron cuando definimos la puesta en escena del Bar (armonía del mensaje y de los elementos): de hecho, considero que el punto de venta en el marketing es una parte integral o fundamental. Pero cuando se hace un anuncio equivocado en una tienda, puede no llevar a nada o incluso a un resultado negativo. Pensemos en un restaurante de lujo, por ejemplo, que tiene un cierto nivel de clientela y un precio pro-medio elevado: ¿por qué debería anunciar su actividad en el "periódico más popular de la ciudad", si no trabaja con un gran número de personas, sino con un nicho de un cierto nivel social? Al contrario, ese nicho de personas, que normalmente pagarían también un recargo como << el gusto de tener algo exclusivo >>, podría ver este tipo de acción como un declive o un camino hacia abajo: es el caso típico en el que incluso se llega a perder clientes. Se puede ver en este ejemplo, cómo una cierta línea equivocada, demasiado generalizada, resulta en "mezclar demasiado los clientes", es decir, arruinar su selección y singularidad; en otros casos puede haber cambios reales en el tipo de usuario, y esto por supuesto puede ser consciente o inconsciente, ganando o perdiendo absolutamente, porque a merced de los acontecimientos, y no en cambio el resultado de una estrategia.

Hay un viejo refrán que reza: "En el negocio es mejor que hablen mal a que no hablen". En cierto sentido esto era absolutamente cierto en los años 80 y 90, pero ya con el nuevo milenio e Internet (y posteriormente con las redes sociales), este concepto ha cambiado: antes del comentario, aunque negativo se dispersaba y se consideraba totalmente aleatorio: en lugar de ir como "anónimo", se prefería "ser desagradable", siempre que se hablara de una marca. Este tipo de acción de marketing sigue siendo válida y muy incisiva por ejemplo en el chisme o en la industria de los programas de realidad televisiva: se trata de la creación y proyección de personajes y situaciones, para los que se crea interés independientemente del gusto, porque en cualquier caso se crea curiosidad. Sin embargo, ya en el campo del trabajo y la profesionalidad hay que tener mucho cuidado: con las nuevas tecnologías el boca a boca se crea artificialmente y puede ser un arma a favor de uno, pero también dar el golpe de gracia a cualquier empresa, cuando es negativo. De hecho hoy en día, casi todas las grandes plataformas dedicadas al comercio, más que al ocio en general, dan a cualquiera la oportunidad de expresarse y por lo tanto pueden contar lo bueno y lo malo de las cosas, añadiendo fotos, comentarios y detalles, y creando así fenómenos mediáticos por los que << un lugar que es generalmente apreciado puede convertirse en el mejor, mientras que los que no son populares, pueden ser completamente hundidos >>. En este caso, si no se puede alcanzar la excelencia, es mejor ir de forma anónima que de forma equivocada: desde el anonimato se puede volver a programar y empezar de nuevo; desde la degradación generalizada, es necesario entonces volver a poner todo en su sitio, con un aumento de los costos y de los problemas que no siempre se pueden superar.

En un mundo de "gustos" tienes por lo tanto la opción << o no de involucrarte >> y usar el viejo sistema comercial (seguramente siempre una base sólida, pero no demasiado competitiva en ciertos campos hoy en día), o involucrarte, pero en ese punto tienes que hacerlo con las inversiones y habilidades necesarias, para no tener importantes repercusiones negativas. Una vez más, por lo tanto, el "concepto volcado" en los negocios, por lo que << no siempre es cierto que los que gastan menos, realmente gastan menos >>.

Tomemos un ejemplo paradójico: hoy en día, todos hemos tomado un avión en la vida. ¿Por qué crees que ponen dos pilotos por cada avión más el piloto automático? La respuesta bastante simple es que << en una emergencia, un principiante difícilmente podría reemplazar a un piloto en algo tan delicado y técnico >>. El profesionalismo se basa en el hecho de que se paga una cuota a alguien para realizar una acción, lo que un lego en la materia haría con menos calidad, con más experiencia y un manejo diferente de los eventos inesperados. Así que pongámonos en la perspectiva de ser más críticos con nosotros mismos cuando tenemos un negocio y pensemos sinceramente << si estamos gastando mucho dinero en simple publicidad >> o si estamos haciendo investigación de mercado, porque los costos pueden ser a veces similares, pero los resultados ciertamente difieren.

Es evidente que, incluso en el marketing, es necesario distinguir quiénes pueden ayudarnos a expresar acciones de impacto, de acuerdo con el tipo de empresa o el objetivo que nos propongamos: entre los distintos profesionales hay quienes saben tratar el marketing en general, más que otros que saben hacer ciertas acciones específicas y dirigidas a sectores concretos. Por ejemplo, en mi experiencia personal, yo como inmobiliario, me ocupo de proyectos de marketing y comercialización destinados a las "casas" públicas; también experto en alimentación y entretenimiento, me dedico a las actividades comerciales de este sector; ¡nunca soñaría con promover campañas de marketing para una industria cosmética, por ejemplo! Los principios son evidentemente los mismos, pero no tendría el conocimiento de "cómo se desarrolla ese tipo de trabajo", ni de los puntos fuertes, ni de lo que quieren exactamente esos clientes específicos: digamos que podría hacerlo bien a medias". Al igual que aquellos que no conocen real y profundamente el sector del "bar" y utilizan el "hazlo tú mismo", rara vez o parcialmente pueden hacerlo bien en su promoción. Usar sólo el 50% significa "no optimizar mucho potencial" disponible. Piensa en un juego de equipo, si tuvieras que tirar de una cuerda: un equipo usa dos brazos, pero el otro usa sólo uno; me parece bastante obvio quién acabará ganando el juego (independientemente de quién sea el más fuerte o el menos), porque hay uno de los dos equipos que no está usando todo su

En España, está presente en todo el territorio online para la consultoría (y disponible para los servicios en directo sólo en determinados territorios, existe por ejemplo www.bares360.es con la que colaboro: esta página web es el ejemplo de una agencia de marketing estratégico para empresas de alimentación y bebidas e integración, en la ronda: ofrece todos los servicios más exclusivos para este tipo de sector, dada la experiencia de sus colaboradores en este ámbito. Recién nacida en la web, pero realizada por personas que llevan años en este tipo de negocios, que van desde el estudiado diseño del local, no sólo desde el punto de vista estético, sino desde la ya mencionada funcionalidad y aprovechamiento de los espacios con el fin de aumentar los ingresos. Luego pasamos a los servicios netamente de marketing, como la creación de logotipos, el asesoramiento para la realización de páginas web y medios de comunicación social, la asesoría en la organización de empresas y personal, la organización de eventos y mucho más. Una de las ramas más importantes, sin embargo, sigue siendo el sector de la asistencia para la venta de actividades comerciales o la creación de empresas para gestionarlas: es un nicho inmobiliario muy técnico pero absolutamente importante para optimizar las inversiones; incluso en esta sección hay un curso sobre << la cesión de actividades >> dedicado a los agentes inmobiliarios, que da testimonio de la necesidad de proporcionar una "formación profesional" sobre estos temas, con el fin de optimizar el trabajo y entrar en todos ellos: estos productos (también la creación de la tienda y la venta de la empresa) son importantes acciones de marketing y deben ser tratados como tales.

QUIENES NO NECESITAN EL MARKETING

Este es un párrafo muy claro y contundente, donde me gustaría expresar mi decepción personal hacia aquellos que se adhieren a esta "no-estrategia", que es aún peor en mi rango personal que aquellos que "dañan el marketing", pero al menos lo intentan.

No hacer marketing, significa no tener un proyecto definido para lograr un resultado: es decir, significa hacer una actividad empresarial casual, según como venga. Es evidente que esto no me parece bien, porque si las cosas se dejan "al azar" o siguen una lógica de gusto, pero no comercial, esto sólo puede producir un resultado mediocre. Por lo tanto, en respuesta a la cuestión que estamos analizando, los ocasionales, los inexpertos o los que sería mejor cambiar de trabajo antes de perderlo todo, no hacen marketing. Por supuesto, en la vida (por desgracia o por suerte) siempre hay excepciones, por lo que incluso el más incompetente puede a veces obtener resultados, porque le encanta la suerte y el azar, o porque tiene importantes recursos económicos que compensan otras carencias. Pero en la mayoría de los casos, la "falta de control" o el fracaso en la planificación es una fuente absoluta y el primer signo de fracaso. En cambio hay sujetos que se jactan o presumen de no tener que hacer marketing, porque tienen una marca tan fuerte o un posicionamiento que los hace únicos y alejados de la necesidad de empujar.

Pensamos en las actividades renombradas e históricas, que ahora tienen automáticamente un amplio conocimiento de la gente y por lo tanto están totalmente libres de interés en las promociones. Estas realidades son probablemente las únicas que pueden permitirse no planificar, porque viven de los ingresos de su historia, y por lo tanto consideran más importante centrarse más en el mantenimiento de ciertas normas, en lugar de invertir en el crecimiento. Admirable y respetable como concepto y absolutamente veraz, aunque no tenga en cuenta una cosa esencial: el tiempo y el cambio. Estas empresas no harán marketing, pero en el pasado su fundador probablemente lo hizo, ¡y de qué manera! De esta manera alcanzaron ciertos niveles de excelencia. Sabemos, sin embargo, que el paso del tiempo determina los cambios económicos que se reflejan en la esfera industrial y comercial, por lo que no se dice que << lo que es bueno hoy también funciona mañana >>. Es bastante plausible que este tipo de empresas no se preocupen, en la actualidad, por aplicar políticas de marketing, pero esto obviamente a expensas de cualquier crecimiento: a lo largo de los años tendrán que estar preparadas cuando tengan que cambiar de situación, para renovarse y aplicar políticas dirigidas a relanzar su negocio para mantenerlo competitivo, en función del origen de los tiempos y del primer signo de fracaso.

En cambio, hay sujetos que presumen o se enorgullecen de no tener que hacer marketing, porque tienen una marca tan fuerte o un posicionamiento que los hace únicos y alejados de la necesidad de empujar. Pensamos en las actividades renombradas e históricas, que ahora tienen automáticamente un amplio boca a boca y por lo tanto están totalmente libres de interés en las promociones. Estas realidades son probablemente las únicas que pueden permitirse no planificar, porque viven de los ingresos de su historia, y por lo tanto consideran más importante centrarse más en el mantenimiento de ciertas normas, en lugar de invertir en el crecimiento. Admirable y respetable como concepto y absolutamente veraz, aunque no tenga en cuenta una cosa esencial: el tiempo y el cambio. Estas empresas no harán marketing, pero en el pasado su fundador probablemente lo hizo, ¡y de qué forma! De esta manera alcanzaron ciertos niveles de excelencia. Sabemos, sin embargo, que el paso del tiempo determina los cambios económicos que se reflejan en la esfera industrial y comercial, por lo que no se dice que << lo que es bueno hoy también funciona mañana >>. Es bastante factible que este tipo de empresas no se preocupen, en la actualidad, por aplicar políticas de marketing, pero esto obviamente a costa de cualquier crecimiento: con el paso de los años tendrán que estar preparadas cuando tengan que cambiar de situación, para renovarse y aplicar políticas dirigidas a relanzar su negocio para mantenerlo competitivo, al ritmo de los tiempos.

ACCIONES DE MARKETING PARA OPTIMIZAR EL SECTOR DE LA ALIMENTACIÓN Y LAS BEBIDAS

- Como decíamos, el marketing tiene unas reglas básicas que se aplican a todo tipo de negocios, por lo que la gran mayoría de lo que vamos a tratar ahora es ampliamente aplicable a otros sectores: sin embargo, he querido centrarme en mi especialidad y utilizar mi experiencia para hablar de todas las nuevas tecnologías (y el sistema clásico) a disposición de las empresas, en

114

este caso del entretenimiento y la restauración: las nuevas tecnologías son todas aquellas que se aplican desde la llegada de Internet, y por lo tanto mucho tiene que ver con el ordenador y con una canalización de medios virtuales, dirigida a aumentar el valor de la marca. El sistema clásico es en cambio << toda esa serie de sistemas que siempre se han utilizado y que son viejos caballos de batalla >>: una verdadera base sólida, que nunca deja de ser importante, pero que si se aplica "sola", hoy en día puede ser insuficiente para competir en el mundo global. La medida de todo esto también está en el tamaño del mercado al que nos referimos: cuanto más hablamos de grandes mercados, espacios y gran competencia, más evidente es la necesidad de diferenciarse y destacar. En las pequeñas realidades, sin embargo, el valor de todo este estudio pierde un poco de fuerza a expensas de la calidad y de las características interpersonales y de la empatía (que en cualquier caso nunca está de más poseer en cualquier tipo de situación).

- - **DIFERENCIAS ENTRE** LA ANTIGUA ESCUELA Y LAS NUEVAS TÉCNICAS: algunos de los principios de la antigua forma de pensar eran << estar siempre presente de todos modos >> y << lo importante es hacer que la gente hable de sí misma >>. Las afirmaciones también son verdaderas, anteriormente, pero insuficientes en el 2020 porque ninguno de ellos habla de planificación. Tal vez podrían haber sido dos buenas consideraciones a nivel publicitario, pero hoy en día en cualquier caso estarían anticuadas, o es mejor integrarlas. De hecho, no sólo debemos estar presentes, sino que debemos elegir el canal y ser muy competitivos: el objetivo es complacer y por lo tanto proyectar una percepción de nuestro negocio que atraiga comentarios positivos. Es una versión tecnológica del boca a boca de la vieja escuela, pero la gran noticia es que "las opiniones de la gente están por escrito", fácilmente disponibles y accesibles para todos: se llaman Reseñas. Por ahora las plataformas más grandes también utilizan este sistema para caracterizar un poco el producto: especialmente en las compras en línea, donde una persona no puede ver ni tocar con la mano, a menudo se guía con la descripción del producto, con fotos y vídeos y con comentarios de otras personas que ya lo han comprado. Afirmo que personalmente no me vuelvo loco para comprar en base a la opinión aleatoria de los demás, y que me resulta bastante desagradable cuando algunos amigos << eligen dónde ir a comer pizza mirando quién tiene más estrellas >>. Confieso, sin embargo, que el sistema es absolutamente válido, aunque tenga ventajas y desventajas:

- - VENTAJAS: Entre las ventajas, hay ciertamente transparencia para el cliente, así que cuando una persona ve todas las críticas negativas puede razonablemente pensar que está viendo el anuncio de algo que tiene problemas potenciales. Otra ventaja, siempre para el cliente, es la tranquilidad de comprar cuando ve evaluaciones de experiencias positivas, y que por lo tanto le da una seguridad adicional para hacer lo mismo. Otra ventaja es la de la descripción en profundidad, donde alguien que ha podido tener pequeños problemas (y luego los ha resuelto) explica su camino para que un tercero pueda ser consciente y decidir qué hacer. Las ventajas son también para el vendedor: las críticas positivas casi siempre coinciden con el aumento de las ventas, y las opiniones positivas son una gran acción de marketing, que en una cadena desarrolla un boca a boca positivo y una impresión positiva que se refleja en la marca. Las opiniones positivas producen también una sustitución dentro de la clientela de una empresa, y por lo tanto un crecimiento a largo plazo, así como la posibilidad de ventas accesorias (usted buscaba un objeto, pensó erróneamente que esa marca lo tenía, pero descubre otros que le interesan por otras razones, en las que no había pensado): por lo tanto la oportunidad de diversificar.

- DESVENTAJAS: cuando en lugar de ello se hace mal o se tiene una mala estrategia de marketing, las críticas pueden ser un bumerán muy desagradable y molesto, que frena el crecimiento, o incluso hunde a la empresa en los casos en que no es fuerte o para motivarlas y contrarrestarlas o para poder expresar un número tan alto de ventas que pasan sin ser percibidas. De hecho, en el caso de muchas críticas negativas, los compradores tenderán a frenar su entusiasmo fácil y a profundizar más. A veces se darán por vencidos. Sin embargo, es importante tener en cuenta que << todas las empresas tienen críticas negativas >>, incluso las más populares.

Tomemos un ejemplo: ¿podría alguien vivir ahora sin "whatsapp"? Es la mejor plataforma de comunicación móvil, la primera de su historia y la más extendida, capaz de eliminar el uso de los antiguos mensajes de texto, y ahora se ha convertido en una necesidad para casi todo el mundo. ¿Existen mejores aplicaciones? Tal vez sí: nacieron y hay varias, pero ciertamente menos difundidas y les será muy difícil socavarlas, ya que sigue renovándose, fortaleciendo sus servidores y creciendo. De hecho una de las características que le pertenecen son la absoluta fiabilidad del programa y la potencia de los servidores. Otras aplicaciones similares son tal vez más bellas y agradables, pero no funcionales. ¿Puedes creer que " WhatsApp ", en las críticas 1 a 5 de las tiendas en línea, tiene una calificación inferior a 4? Increíble para algo casi necesario ahora, para comunicarse y trabajar. Sin embargo, llegan muchas críticas negativas, basadas en gustos y episodios completamente personales. La desventaja de una mala crítica es la de caer en la trampa de los llamados " enemigos ", es decir, los descontentos que a veces exageran, dejan su opinión en los comentarios. Los comentarios, que pueden ser tanto expresivos como numéricos para determinar una clasificación, dependerán, por lo tanto, de que no haya demasiados comentarios negativos, que bajen el promedio. Por eso es importante hoy en día tener un buen plan de marketing: hay pocos sistemas para frenar las críticas negativas y dependen de un plan preciso de crecimiento de su imagen virtual, que debe tener la posibilidad de contrarrestarlas: argumentos técnicos, en el caso de que se amplíen los comentarios o la fuerza para dispersarlos teniendo tantos positivos, cuando hay un problema de evaluación. Piense en el mercado en línea y en cuántas veces un vendedor prefiere reembolsar su producto, incluso cuando hay diferencias con el cliente, cuando se teme la oportunidad de recibir una revisión negativa: podría perder mucho más que el valor que nos ha vendido, si sólo siguieran un par de otras revisiones negativas y bajaran su estado de fiabilidad. Por lo tanto, hay que tener mucho cuidado con la comercialización hoy en día, porque a diferencia del anticuado boca a boca, deja un rastro y afecta directa e indirectamente a las ventas. En la restauración es lo mismo, ¡subido a la enésima potencia! El viejo lema << la gente atrae a la gente >> podría modernizarse con << las críticas positivas atraen a la gente >>, pensando en los diversos " asesoramientos", sitios específicos o incluso sólo el índice de Google, donde todo el mundo utiliza el mismo sistema.

Lo que no todo el mundo sabe es que existe "el truco", por lo que hay sistemas diseñados para ser revisados, e incluso verdaderos "profesionales de la crítica" que lo hacen como un trabajo y se dedican a abrir cuentas especiales para hacer lo que es un trabajo real, pero que si se hace bien puede lanzar un producto a expensas de otro. Las técnicas varían a diferencia de los distintos portales, pero el principio es el mismo: << empezar a ser amable y otros en la misma onda de conversación >>. Muchas empresas ni siquiera se dan cuenta de que se equivocan o que van mal, porque al no cuidar su imagen virtual, ni siquiera se dan cuenta de que tienen muchos odios. ¿Fue más fácil y más genuino antes, con el viejo sistema de trabajo? Tal vez sí, o tal vez no: hemos mencionado ventajas e inconvenientes; lo que es cierto es que los antiguos sistemas, todavía muy validos e importantes logros del marketing con fines comerciales, no son suficientes por sí mismos para competir a un alto nivel.

- **EL MARKETING PERMANENTE** Todavía muy presentes, especialmente en ciertos sectores, los volantes y la publicidad luminosa han sido siempre dos vehículos de propaganda muy poderosos. Uno llega directamente a los buzones de la gente y se puede diferenciar en varios formatos como el volante (o folleto), la carta comercial, la carta privada, etc ... Sin duda siempre es un medio poderoso, pero siempre ha tenido el evidente defecto de los altos costos, debido a la impresión (aunque la impresión digital ha reducido mucho sus precios hoy en día), pero sobre todo debido a la distribución, que es un trabajo que se puede hacer de manera ligera y casual o profesional: el trabajo hecho superficialmente es bastante rápido, y produce pobres resultados para la dispersión. En el caso de un servicio más caro y con más garantías, está claro cuánto pueden empeorar los costes; luego añadimos la posibilidad de que después de un esfuerzo tan importante, el folleto no llegue nunca a las manos del destinatario, ya que muchos edificios tienen una "basura" común para la publicidad (¡y no he usado la palabra basura al azar!). El hábito entonces de ciertos propietarios, incluso cuando los folletos fueron encontrados en el buzón, es tirarlos en la mayoría de los casos sin siquiera leerlos. Así que hablemos de un caso aún peor de no hacer marketing: << piensa que lo has hecho >>, es decir que has invertido dinero y recursos y piensas seriamente que estás haciendo algo bien, que en cambio no es tan incisivo. En las grandes ciudades donde el uso de esta técnica de hecho en los últimos años fue desproporcionado, la incidencia ha disminuido notablemente., Incluso si registramos que siempre es un viejo caballo de batalla y si se implementa bien, con la distribución adecuada, es un árbol de hoja perenne.

Lo mismo ocurre con las señales de tráfico, por ejemplo. Hay que diferenciarse y ciertamente la carretera siempre ha sido uno de los lugares de mayor visibilidad. También es un caballito de batalla, pero ciertamente menos perspicaz, en presencia de muchas otras señales, porque se pierde para el ojo y la vista. Así que es importante hacer un estudio de << dónde es rentable colocar las señales >> de forma estratégica según la visibilidad y también según el usuario que se quiera recordar: <<parece un desperdicio de recursos anunciar productos de belleza femenina en una zona industrial, con una densidad principalmente masculina: salvo excepciones, nunca habrá números que devuelvan la inversión, porque el público deseado está en otras zonas de la ciudad >>. Un ejemplo muy importante de publicidad es en cambio la de "reparación o servicio" bajo el signo característico de una tienda. En los casos en los que se aproxima al lugar deseado, es interesante tener indicadores que avisen de antemano y sobre todo cuando se tiene una señal de localización o de límites técnicos, << apenas visible >>: es necesario considerar la posibilidad de invertir en vallas publicitarias en posiciones estratégicas y de inmediatez, que compensen esta carencia y realcen la tienda.

En la vieja escuela, mencionamos las técnicas relacionadas con los periódicos, la televisión y la radio. Con las diferentes diferencias de costo y tipo, siempre son respetables siempre, porque muchos usuarios acceden a ellas diariamente. A diferencia de los dos primeros medios, estos son " situados " y pueden ser adaptados al tipo de cliente (hay periódicos o radio para todas las edades y grupos de destinatarios sociales). O, por ejemplo, pensamos en la televisión con canales temáticos, en lugar de con franjas horarias: determinar "cuándo y cómo" permite, por lo tanto, ser más incisivo y empezar a desgranar la mayoría del público deseado. Lo que más me gustaría destacar es la incidencia de la radio y la televisión locales, que es absolutamente importante para una empresa. Piense en el mejor restaurante de nuestra ciudad: ¿qué interés tendría ir a la televisión nacional para anunciarse y pagar comisiones muy altas? Podría tener un solo propósito narcisista, pero desde el punto de vista económico sería totalmente demasiado oneroso y poco incidente. Por otra parte, en la televisión local, accedería prácticamente a todos los usuarios deseados, es decir, a los de su propia ciudad, y podría discriminar a los grupos de interés en función de los horarios y la programación, porque al utilizar los servicios de deportes, vestuario y noticias, este tipo de medio de comunicación, con su horario, resulta muy atractivo para quienes quieren estar al día de las noticias relacionadas con su territorio: éste será también el público preferido que se atraerá con nuestro marketing corporativo.

Otro gran clásico es la colocación en autobuses y taxis en las grandes ciudades: es un sistema muy extendido y siempre vigente, pero que, según el número de reproducciones o tamaños, puede resultar muy costoso en términos de costes. y por lo tanto hay que considerar cuidadosamente la oportunidad antes de decidirse a aplicar este tipo de política, que considero muy agresiva e importante.

Podríamos seguir durante horas haciendo otros ejemplos, pero el concepto es que la vieja escuela representa todo lo que siempre se ha hecho en términos de visibilidad más que cualquier otra cosa de la física, que es algo que se puede tocar o mover pero que siempre ha encontrado en el gran límite de los costos de producción o servicio su gran freno, en el pasado a menudo generando cuentas exorbitantes bajo la partida presupuestaria "publicidad": por esta razón, en el pasado existía entre los empresarios la opinión generalizada y quizás entonces veraz, de que << la publicidad no es mensurable >>, es decir, hay que hacerla,

¡pero nunca se sabe qué es lo que realmente te aporta! Los conceptos modernos de marketing, especialmente con la difusión de la publicidad en la web, han cambiado radicalmente este concepto.

- **MERCADEO 2020** La llegada de Internet conmociona al mundo desde el comienzo del nuevo milenio, pero nadie al principio habría pensado que habríamos llegado tan lejos cuando instalamos el primer módem hace años << que hacía silbidos y quejidos >> y fue muy lento en el punto de dejarnos desesperados durante minutos... esperando a ver un sitio web normal. Hoy en día con las modernas tecnologías, y la súper velocidad de navegación, vemos películas y programas en vivo o grabados, hacemos videoconferencias y (consciente o inconscientemente) recibimos continuos mensajes de marketing durante todo el día por parte de todos: por lo tanto la posibilidad de visualizar esta acción es absolutamente constante y extremadamente poderosa, considerando que ya la tenemos en el ordenador del trabajo todo el día y en el móvil del sector privado, incluso de noche. Por lo tanto, la difusión y el derribo de las fronteras es uno de los grandes logros del marketing virtual, capaz de llegar indiscriminadamente a todas partes y de llegar a cualquiera con estrategias bien aplicadas. Otro de los logros importantes se refiere a la reducción de los costos: Internet es virtual y, por lo tanto, no requiere producción y limita el servicio al mínimo. Incluso las técnicas modernas permiten que el propio usuario " autopublique" un anuncio y lo lance, pagando prácticamente sólo una comisión. Últimamente producir publicidad se ha vuelto tan fácil y barato que está al alcance de todos, tanto que uno de los primeros inconvenientes de ello ha sido la pérdida del deseo de invertir capital en publicidad. Por ello hemos pasado de la realización de costosas campañas con vallas publicitarias y magníficas iniciativas, a admitir sólo publicidad gratuita para nuestra empresa, confiando en las diversas aplicaciones de facebook y similares (a menudo totalmente gratuitas), con la convicción y el propósito de que estas acciones son suficientes para "promocionar el negocio": en realidad ni siquiera se conocen muy bien (recordemos que el uso comercial es mucho más complejo que el uso privado) y a menudo es otro ejemplo en el que pensamos en la publicidad de forma incisiva, pero sólo estamos llegando a una pequeña parte de la cuota de mercado, o a unos pocos conocidos y amigos.

- En efecto, una de las consecuencias de la popularidad de la red es que cualquier persona está en línea, ya sea de forma privada o comercial, y por lo tanto, surgen una serie de problemas relacionados que no siempre son conocidos. El primero es de carácter técnico, es decir, las diversas aplicaciones de los medios de comunicación social permiten mostrar un anuncio gratuito sólo a un cierto número de usuarios según un algoritmo: es decir, son excelentes para organizar una fiesta privada para unas pocas docenas de personas (uso para el que fueron concebidas expresamente), pero para llenar una etapa son insuficientes si se utilizan en forma estándar. Por lo tanto, es necesario aplicar ciertas técnicas para hacerlas más eficaces y entrar en la perspectiva de comprender que << el salto de la publicidad super cara en los años 90 a la publicidad de coste cero en 2015 es demasiado grande para una actividad comercial >>.

- Debemos seguir invirtiendo y tener resultados y aplicar las acciones correctas de un marketing dirigido a optimizar los ingresos. De hecho, sólo a través de las inversiones y de ciertas acciones de calidad importante, es posible destacar entre la multitud. Si todo el mundo está en Internet, esto significa que hay que emerger y diferenciarse de los demás, porque obviamente la atención diaria tiene límites y la mente del usuario medio está constantemente bombardeada con mensajes todo el día y todos los días. A continuación entraremos en detalle para ver todas las técnicas más importantes, para destacar una empresa utilizando la nueva generación del marketing comercial virtual y proponiendo la actualización de ciertos conceptos clásicos adaptados al año 2020 con la versión actualizada y la aplicación de las nuevas tecnologías.

- - **LOGOTIPO DE LA COMPAÑÍA:** todo debe comenzar con el logo. El logo es la expresión de una marca, resumida en un dibujo o una inscripción. Debe identificar quiénes somos y qué hacemos, ser atractivo y cautivador y debe dar una sensación de continuidad porque aparecerá en todas las acciones de marketing que hagamos. Es un poco como la tarjeta de presentación de la empresa, pero en una versión virtual aplicable a todo: periódicos, televisión, acciones de Internet, letreros, lista de precios, incluso uniformes y herramientas de trabajo corporativo. A los ojos del cliente, siempre identificará la empresa, recordando primero que existe y luego por qué debe usarla. Los mejores logotipos son simples. Pueden ser coloreados y deben ser absolutamente originales; a veces existe la creación de logotipos surrealistas por parte de empresas del más alto orden y nivel: en estos casos, la imagen virtual que proyectarán se ve comprometida.

- **SIGNO DEL PUNTO DE** VENTA El signo caracteriza la tienda y el mensaje que dirigimos al público sobre nuestro producto. Es muy importante la visibilidad que no sólo depende del tamaño, sino también y sobre todo del "campo visual" de un cliente con respecto a la situación (en una calle peatonal donde la gente se mueve lentamente, se aplican diferentes técnicas, más que en una autopista deslizante); para tener en cuenta también el factor noche y día donde las nuevas tecnologías nos ayudan absolutamente tanto por un gusto estético típico, como por la flexibilidad y la mayor visibilidad que permiten. Siempre es aconsejable incluir el logotipo y un mensaje sencillo pero impactante y utilizar caracteres muy sencillos que no se amontonen, porque como dijimos antes, el mundo se mueve ahora a una velocidad tal que las cosas complejas se pierden a menudo a la vista.

- **PÁGINA WEB:** Hace años, tan pronto como esta novedad se introdujo y pasó por la aduana, fue bastante fácil hacer entender a las empresas que tenían que tener una página que hablara de ellas de forma generalizada, que explicara sus productos y las pusiera en contacto con sus usuarios. Hay diferentes tipos de páginas web, y no hablo de colores o gráficos, donde hay todo un arte y profesionales especiales, sino que hablo de tipos de uso:

- **PÁGINA WEB DE PUBLICIDAD:** el ejemplo clásico es el del restaurante que publica sus menús, ubicación, algunas fotos y por lo tanto quiere que un cliente encuentre su página para que pueda obtener información y tenga curiosidad por visitar la tienda.

- página web substituta del punto de venta: el ejemplo más típico es Amazon, un gigante del comercio en línea, donde se puede comprar todo lo que se compraría en un supermercado, y de hecho lo substituye completamente, excepto el sector de la alimentación (pero tienen la estructura y la red para hacerlo en el futuro: ¿crees que si hubiera nuevas enfermedades de tipo covid 19, con todo lo que representa, no pensarían en gestionar una venta de alimentos? En cualquier caso, si no son ellos, hay otros de menor tamaño que sí lo hacen y lo están potenciando).

- **PÁGINA DE CURRÍCULUM WEB**: Prácticamente es una página profesional donde un profesional o trabajador ofrece su propia persona y se pone a disposición de los servicios. - WEB PURA: página de actividad online o servicio online. El ejemplo más típico son las páginas temáticas dedicadas a los vídeos, por ejemplo: gratuitas por medio de banners publicitarios o de pago por suscripción, realizan su función directamente desde su plataforma virtual. Todos estos modelos y otros son absolutamente esenciales para llevar a cabo su negocio, pero todos carecen de marketing: no basta con tener una página web. Volvamos al ejemplo de << creer que estás haciendo una acción >> que, sin embargo, en realidad no es incisiva. Una página web es de muy poca utilidad si no se encuentra fácilmente y hoy en día encontrar cosas en el caos de la información de Internet es realmente complicado. Tener una página web y luego no aplicar ciertas acciones para mejorarla, es como tener un restaurante ubicado en una calle súper secreta que es muy difícil de encontrar. Claramente el público potencial cambia. Lo primero que hay que explicar es que por lo tanto la página web debe ser posicionada en los motores de búsqueda, a través de palabras clave y otras técnicas de marketing que aumenten su visibilidad. Si la gente empieza a encontrarla, y en segundo lugar a encontrarla atractiva, los números de visibilidad aumentarán de forma algorítmica porque los distintos motores de búsqueda siempre favorecen las mejores páginas web, a expensas de las menos buscadas. Esto es fundamental, porque muchas veces es la fina línea entre el éxito o el fracaso. Con diferentes lógicas y algoritmos, es un poco como lo que sucede con los portales inmobiliarios cuando pones tu casa en venta: ¿crees que es importante permanecer visible en la parte superior de la lista de anuncios o es lo mismo tener un anuncio mal catalogado? La respuesta es que a veces, cuando es muy específico o muy especializado, lo encuentran de todas formas, quizás con más esfuerzo, pero no cambia mucho. Pero en asuntos de grandes números, ¡muchos cambios! De la misma manera, indexar su sitio web y tenerlo presente en las primeras páginas de los buscadores mejora tanto el sitio en sí como su empresa y, por lo tanto, hace que la acción de marketing emprendida sea eficaz.

- Otro discriminante es el contenido del sitio. De nuevo, no me refiero sólo a cuestiones estéticas. Fui el primero en cometer el error de querer poner todo en el pasado muchas veces. Es obvio que el sitio online de un comercio electrónico tecnológico debe poner todos sus televisores, todas sus computadoras, todos los productos del hogar que tiene, y cuanto más cosas hace, mejor es: esto es porque está vendiendo una "lista de productos". Pero en la mayoría de los casos el producto es sólo uno o son pocos y al crear el sitio se tiende a escribir mucho, por lo que a menudo se pierde información útil. La página web debe ser fácil e intuitiva y presentar los productos y servicios esenciales. Debe tener una gráfica simple pero atractiva y debe tener cohesión con la tienda física si la hay.

- Para compensar estas deficiencias y también con el fin de vender, se ha introducido recientemente el concepto de páginas de aterrizaje que no son más que otras páginas web relacionadas, que a menudo se refieren a la página web principal, pero creadas específicamente con el fin de vender. En otras palabras, como el sitio web está muy disperso y debe contener mucha información, se lanzan páginas más fáciles de indexar que recuerdan los principales detalles, pero que gráficamente son aún más intuitivas y minimalistas, que tienen un mensaje claro y que atraen al cliente. Tal vez promocionando un regalo o con algún artificio absolutamente comercial. Evidentemente, éstos se indexan a su vez en los motores de búsqueda mediante técnicas de comercialización, pero sobre todo su uso se está volviendo especialmente interesante en la aplicación comercial de los medios de comunicación social, en los que la atención siempre se ve socavada por un exceso de información y se necesita un impacto muy simple.

- **LOS MEDIOS DE COMUNICACIÓN SOCIAL:** Al igual que todo el mundo utiliza "whatsapp", todo el mundo sabe hoy en día lo que es facebook, twitter, instagram y todas las diversas variantes de medios sociales del mercado, que difieren en tecnología y audiencia potencial. Los medios sociales son coleccionistas de personas que les permiten mantenerse en contacto e interactuar virtualmente escribiendo textos, publicando fotos y vídeos y con decenas de otras funciones más complejas y variadas según el género. La primera, la más famosa y conocida es facebook, que ahora está presente en prácticamente todos nuestros hogares. Fue sin duda una de las mayores innovaciones de los últimos veinte años porque mejoró la comunicación y permitió romper las barreras sociales, que hasta hace pocos años parecían insuperables. Es evidente que, como en todo, por otra parte, también ha traído muchos problemas, como el nacimiento de las famosas "noticias falsas", es decir, las noticias falsas, ficticias, distorsionadas, o los conflictos interpersonales reales, por las más variadas razones. Por otro lado, sin embargo, también fue un medio comercial muy poderoso porque quienes comprendieron a tiempo la aplicación y la importancia de estos medios publicitarios, estudiaron el algoritmo y comprendieron cómo optimizar las campañas de marketing para llegar a más personas: un mismo anuncio puede llegar sólo a 1000 personas en lugar de cien mil, dependiendo de las políticas adoptadas. Desgraciadamente, en este caso el hazlo tú mismo siempre ha tenido la percepción de llegar a todas partes del mundo (y potencialmente es porque realmente no hay barreras), pero los creadores del algoritmo, una vez vista la amplia expansión de la plataforma, tuvieron que poner algunas restricciones, entendiendo primero que por ejemplo << que organizaron un concierto popular en el centro de Madrid, era inútil que fuera visible en Nueva York >> y de forma más restrictiva, que era visible incluso en el sur de España se desperdicia.

Potencialmente un neoyorquino, por su parte, siempre puede buscar y encontrar este evento, exactamente como todos los eventos publicados en el mundo, en cualquier lugar que se encuentren, sin embargo, a menos que tenga una relación directa con el organizador o un conocido, o no esté interesado en ese nicho, en teoría "no le interesa" y por lo tanto es correcto que no lo vea. (este es el sentido del algoritmo de facebook). Por lo tanto, el uso libre y estándar de Facebook, incluso si puede darnos la sensación de poder llegar a todas partes, es en realidad limitado: estamos "apuntando" sólo a nuestro propio círculo de amigos, mientras que los otros usuarios potencialmente interesados se pierden en el mar de información de las miles de propuestas presentes.

Para remediar este tipo de operación, se han introducido páginas comerciales en Facebook, con el objetivo de permitir el registro de personas interesadas en un determinado tipo de actividad y, por tanto, de ponerse en contacto con ellas directamente. Probablemente otras plataformas tienen otros artificios u otras lógicas, pero el sentido común es el mismo: en cuanto a la página web, el problema de aparecer en un contenedor donde hay muchos mensajes, es absolutamente prioritario de resolver. No es posible pensar que un cliente potencial vea todas las publicaciones o todos los anuncios: aquí las técnicas de comercialización intervienen para mejorar el encanto de los anuncios más que la eficacia de las campañas publicitarias. El primer objetivo siempre es que <<el mayor número de personas vea la existencia de su anuncio y en segundo

lugar que decida leerlo >> porque ha atraído su atención. Volvamos a hablar de las páginas de aterrizaje que se pueden insertar en un anuncio de texto con el objetivo de convertir esa atención recibida en una venta, o de vídeos o imágenes muy atractivas que deben llegar a producir la atención de nuevos clientes. La gran noticia es que hasta ahora hemos hablado de todo esto, pero prácticamente sin coste alguno (servicio gratuito de facebook), es decir, en la modalidad estándar: el problema de este tipo es que es muy limitado, porque la situación no es que el gestor lo tenga, sino que depende de forma aleatoria de un cliente que decide suscribirse a su página o a su círculo personal de amigos. Entre otras cosas, estos usuarios potenciales no son considerados todavía como "clientes reales" porque pueden ser simplemente curiosos o no tener un interés específico en "comprar" (recuerde que el producto, u objetivo, puede ser físico, pero también simplemente anunciar su empresa o su profesionalidad). Por lo tanto, la tasa de conversión (es decir, la capacidad de transformar un contacto en una venta) es muy baja, y por lo tanto podríamos hablar de << mucho ruido para nada >>, con ligeros efectos sobre la difusión de ciertos mensajes o de un cierto nivel de publicidad ", pero absolutamente no relevante en positivo para crear ingresos. Por el contrario, podría atraer a los enemigos, y luego no tener el suficiente potencial para contrarrestarlos y puede ser muy perjudicial para nuestra empresa.

- ¿Cómo pueden los medios de comunicación social convertirse en un instrumento de provecho para una empresa y producir ganancias? El llamado público orgánico es un buen punto de partida para medirse al principio y entender la lógica del mercado, pero no es en absoluto suficiente y por sí solo nunca producirá, en la medida en que pueda presentar altos números de interés, ingresos reales . Para optimizar la herramienta social a nivel profesional, la única respuesta es invertir y planificar, luego comercializar.

- <<¿Cuándo en la historia del comercio algo que es gratuito produce ingresos y ganancias? >>. Respuesta << nunca! >>, palabra ya incluida en la pregunta.

- Si no se paga se puede sobrevivir, ganar algo, pero en la gran mayoría de los casos es totalmente insuficiente para manejar el marketing de toda una empresa. La publicidad debe ser pagada y por lo tanto, recordando los modelos de la vieja escuela, sólo tienes que estar contento de pagar tan poco, pero tienes que acceder al paso pagado, porque de lo contrario no avanzarás. Volviendo al ejemplo de Facebook, existe un servicio de pago que es precisamente el ADS de Facebook, que no es más que tomar el mismo anuncio y proponerlo en un mercado completamente diferente y seleccionado; según los parámetros que decidamos, nos permite hacer llegar el mensaje sólo a determinadas categorías. Otra gran innovación, hablando del precio, es que cada uno decide cuánto invertir en cada anuncio. Es una gran noticia, porque ahora somos conscientes de que pagando un poco podemos ir a decidir quién recibe nuestro anuncio y quién no: podemos discriminar la edad, el sexo, el área de residencia, los intereses particulares de esta persona y por lo tanto dirigirnos a un cliente modelo ideal.

- Habrá elementos estadísticos para comprobar el progreso y la calidad de sus acciones de marketing y las tasas de conversión, y luego medir la eficacia de la publicidad, que con los métodos de la vieja escuela era indescifrable. Está realmente bien hecho y es una poderosa herramienta de marketing. Sólo hay un pequeño y antiguo problema << la correspondencia llega al buzón, pero al ver que el cliente está anunciándose la desecha >>: por lo tanto también podríamos llegar al cliente perfecto, pero si llegamos con un mensaje incorrecto, ya sea trivial o no intuitivo, el esfuerzo habrá sido inútil: por lo tanto de nuevo para subrayar la importancia de las páginas de destino o cualquier cosa que enviemos a nuestro usuario final: debe ser simple pero de calidad, y debe diferenciar y convertir la acción en venta o en el objetivo que se propone.

- YOUTUBE

Para Youtube, sinceramente me gustaría hacer un discurso separado y no encerrarlo en la categoría social. En cierto sentido lo es, porque la gente puede reaccionar a través de los comentarios, pero por otro lado nació como una plataforma para vídeos musicales y se hace tan popular que ahora se convierte en el contenedor más popular de cualquier vídeo en el mundo. De hecho, hoy en día hay vídeos de todo tipo, desde pequeños recortes de películas hasta la película completa, desde vídeos musicales hasta la discografía completa de un autor; pero prestemos atención a la aplicación publicitaria absolutamente innovadora: ésta fue por ejemplo uno de los vehículos más incisivos de la divulgación de lo que es la publicidad "ad hoc", es decir, la que sale del margen de una acción cotidiana y normal, como buscar una canción en Internet, y casi inconscientemente la " se paga" al ser sometida a un anuncio al principio del servicio o aparecer a un lado durante el mismo. Hay muchos sitios famosos, con gran tráfico de visitantes, donde se publican anuncios publicitarios, que son los verdaderos patrocinadores de esos servicios. Para acceder a él existen políticas de pago de ADS que deben ser necesariamente un estudio de marketing: hay "pago por clic", u otros dispositivos, por los que se puede personalizar una campaña real. Y aún más interesante es el <<sistema intuitivo de interés >>: hasta ahora, los buscadores y los cokiees (mensajes automáticos ricos en información, que se envían a los buscadores de los sitios más visitados) son ahora posibles campañas publicitarias que actúan << sobre los intereses y la memoria >> del navegador virtual. Por ejemplo, si una persona busca en la web de Ikea, el gigante mundial del mueble, un producto de su tienda virtual, ese producto se clasificará de alguna manera, y quedará en la memoria, por lo que es posible que, fruto de elaboradas campañas de marketing, nos encontremos al día siguiente replanteando el mismo producto u otro similar en algún banner, cuando vayamos a visitar cualquier otro sitio de nuestro interés (a veces en la misma categoría, pero a veces incluso en términos de diversión o que no tengan nada que ver con ver con una compra). Imagina qué canal publicitario es más impactante y fácil de usar que una plataforma de películas, música y diversos intereses como Youtube! Así, un empresario podría intervenir a nivel de marketing creando campañas inteligentes y muy modernas con estos sistemas y siempre discriminando el tipo de cliente, y teniendo control sobre el número de anuncios vistos y el número de clics.

En cualquier caso, otro de los usos más interesantes desde el punto de vista comercial es el llamado tutorial o guía de vídeo, donde los expertos del sector publican vídeos que suelen ser muy útiles sobre "cómo resolver un problema": hay desde vídeos de cocina sencillos hasta los más complejos, mecánicos; desde vídeos de profesionales explicando ciertas situaciones hasta vídeos de empresas explicando las etapas de una producción. Por lo tanto, es sumamente importante desde el punto de vista estratégico por dos razones principales: la primera es que una persona verdaderamente capaz puede crear un vídeo que ilustre su profesionalidad, y mediante el instrumento de ofrecer una demostración gratuita, accesible a todos, atraer a nuevos clientes. . La segunda es que, con fines publicitarios, sólo para darse a conocer, atraer a un gran número de público e incluso en algunos casos monetizar directamente desde la web, gracias a la gran visibilidad que luego se remunera. De hecho, no todo el mundo sabe que Youtube es propiedad de Google (el motor de búsqueda más importante del mundo) y por lo tanto sus vídeos suelen ser muy indexados y empujados si reciben visitas, lo que para Google es sinónimo de ser interesante.

Google y Facebook, hasta la fecha, son las dos guías de búsqueda más poderosas del mundo, ya que cuentan con la información más detallada de los clientes potenciales y tienen la mejor tecnología disponible en el mercado, así como aplicaciones. El problema entonces, aquí como antes, es salir del desorden de mensajes y vídeos subidos a la plataforma, y a menudo nos encontramos con que un vídeo hermoso y súper interesante tiene muy pocas vistas, a expensas de uno mucho peor, que cubre el mismo tema y tiene miles y miles de vistas. Entonces, ¿cómo se consiguen ciertos resultados? Youtube, como todas las plataformas, tiene interés en que sus clientes estén constantemente conectados, por lo tanto recompensa la cantidad de vídeos subidos: los propios expertos confirman que casi nadie que publique un solo vídeo puede hacer grandes números: por lo tanto, promueven el auto-abastecimiento de la plataforma invitando a hacer vídeos. Esta cosa, por un lado atrae a personas muy competentes que ofrecen interesantes vídeos técnicos o curiosos, expresiones artísticas y consejos muy útiles. Por otro lado, atrae en cambio el ansia de protagonismo de algunos otros personajes, que con el objetivo de " destacar " (o con el objetivo de << hacer un trabajo, que a menudo no pueden hacer >>), producen vídeos totalmente cuestionables en términos de calidad y contenido . Estos sujetos obviamente bajan la calidad media de las producciones de vídeo y dispersan "el potencial de ser vistos" por los demás: lamentablemente no hay filtro de gusto, por lo que es evidente que son las reglas del juego. Por si esto fuera poco, los vídeos de mala calidad son muy populares y muy populares entre el público e incluso, casi por una especie de "justicia inversa", tienden a obtener muchos puntos de vista, y por lo tanto estos personajes continúan muy gustosamente en su producción. Hablando de bienes raíces, por ejemplo, esto es lo que sucede a veces con los vídeos de excelentes profesionales, que hacen estudios de mercado absolutamente veraces y útiles, a expensas de alguien que "pretende ser un agente inmobiliario" y a veces dice todo lo contrario, sin sentido, y por lo tanto confundiendo el trabajo correcto del otro, además. ¿Cómo combatir este fenómeno y hacer que el público entienda que es "el mejor"? En primer lugar invirtiendo, porque exactamente como sucede con Facebook, hay un plan pagado para impulsar su producción, conectado al ADS de Google: entonces con la fuerza de los números, exhibir una credibilidad diferente de sus vídeos (sé que parece una pequeñez). En segundo lugar, hay una estrategia de palabras clave que You Tube permite implementar y que se lee según su algoritmo. Comprender las palabras clave a introducir para posicionarse, de manera que un posible cliente nos encuentre antes que otros, es esencial y marca la diferencia. En tercer lugar, existe el habitual sistema de reseñas y comentarios que podrían dar indicaciones sobre vídeos buenos y no tan buenos, pero lamentablemente, en este caso son actualmente detectables, por lo que es posible que los temas de los que hablamos los oculten. Advertencia: Digo que es bastante lamentable, en términos de números, porque con un vídeo sensacionalista, un sujeto podría llegar a tener muchos clics, pero obviamente entonces un cliente potencial verá el vídeo y opinará: es evidente que en ese momento entenderá si el vídeo o el personaje no tiene calidad (pero el clic ya será contado), y en este punto probablemente interrumpirá la visión, buscando otra más profesional: claramente esta estrategia trae fama, pero no convierte a los clientes potenciales en clientes reales. Como profesional, prefiero unos pocos clientes cualificados y seleccionados, que vean un vídeo mío y tal vez se conviertan en clientes reales, en lugar de tener miles de seguidores registrados, tal vez los más descontentos, que no me llevan a monetizar nada ni siquiera con el tiempo. La calidad siempre paga, al final, y por lo tanto también "quien publica" debe entonces decidir qué << trabajo hacer en la vida >>: si el artista o el profesional; de hecho, a largo plazo, estos fenómenos se cansan y la gente pierde el interés, o pierden completamente la credibilidad cuando demuestran un contenido escaso, o un conocimiento muy áspero de los temas tratados, o teorías extrañas. Así que personalmente a las empresas e inversores les recomiendo vídeos de calidad, con técnicas de marketing aplicadas, no enfocadas al sensacionalismo, sino absolutamente profesionales, dirigidos a un propósito de negocio, demostrando la seriedad y la bondad del producto. Las ventajas de invertir en este tipo de plataforma son que, a menudo, es el usuario el que entra aquí buscando una solución, y no la empresa la que va a buscarla; además, los vídeos son muy fuertes en términos de comunicación: más grandes que una foto, pero menos dispersos que un folleto. En un sistema moderno todo es muy visual, y poca gente lee, al menos en este tipo de situaciones: se busca una solución rápida e impactante. También son modulares, pudiendo variar, además de los temas, el estilo más serio, el uso de audio o subtítulos; Por último, no olvidemos la ventaja y la conveniencia de "mostrar algo" en tiempo real, mientras el usuario nos emula al otro lado de la pantalla. Si luego aprendemos a invertir, a utilizar las palabras clave correctas y a invertir en ADS, logrando tener algunos vídeos de moda, nuestro negocio podría aprovechar una visibilidad totalmente exponencial y por lo tanto crecer visiblemente.

- **LISTA DE VENTAS o TARJETA:** al salir de Internet, me gustaría acercarme a algo que fue parte de la vieja escuela, pero que ha sido objeto de una " adaptación " absolutamente actual a lo largo de los años y que se conecta con el mencionado escenario

152

del bar, y buscando la consistencia y homogeneidad entre el producto-punto de venta y la comunicación.

Desde tiempos inmemoriales una empresa de cualquier sector siempre ha tenido una lista de sus productos, por lo que es bien conocida la cuestión y la importancia de tener un pedido y una interesante variedad de productos para ofrecer. Sin embargo, su aplicación es aún más interesante, por ejemplo, en el sector de la gastronomía, donde creo que debe contextualizarse en un concepto moderno. De hecho, lo que antes representaba sólo << la lista de platos que se ofrecían en un restaurante >>, hoy en día, a menos que estemos hablando de nichos de élite, o de gestión familiar, debe ser estudiado para optimizar los costos - recibir, a través de un estudio que ciertamente tiene en sus fundamentos << la mejor calidad 'al precio más accesible posible >>, para producir grandes cantidades. También debe representar el espíritu y el carácter de la tienda. Desde esta perspectiva, por lo tanto, componer una buena tarjeta o lista se convierte en una acción de marketing, y no sólo en un uso instrumental y práctico de una lista. Los mayores cheffs / empresarios de la televisión, en sus programas temáticos dedicados, cuando van a proponer un "cambio de imagen de un local", también y sobre todo trabajan en el "papel", con atención a la demanda / oferta, a la capacidad del punto de venta de poder expresar una cierta producción, con lógicas de precio, con lógicas de novedad y contextualización en el sitio: si pensamos en Inglaterra en Gordon Ramsey (del programa "Cucine dell'Inferno") y en España en Alberto Chicote ("Pesadilla en la cocina"), son dos conocedores, que con un equipo muy profesional, intervienen en el lugar desde una estética, marketing y por lo tanto también y sobre todo cambiando la oferta de productos, para dar una nueva personalidad a los distintos sitios de restauración. Entre otras cosas, recordamos que "esta es mi especialización personal", y para ello colaboro con sitios como www.bares360.es donde precisamente se promueve este tipo de marketing y servicios.

Cualquiera puede estudiar una " tarjeta "; pero estudiar una tarjeta que se pueda convertir en ventas, para optimizar los ingresos, es un trabajo mucho más elaborado y complejo, exactamente como todas las demás técnicas analizadas hasta ahora, que están al alcance de todos de forma gratuita o intuitiva, pero que sin duda tienen una " potencia de fuego " diferente si un profesional las utiliza.

- **- ORGANIZACIÓN DE EVENTOS COMO PLAN DE MERCADEO:** anteriormente habíamos propuesto el ejemplo de una sala con una zona de entretenimiento, que organiza eventos, con una estrategia precisa de aumento de la participación y del valor de la marca. La mayoría de las empresas utilizan los eventos con el único propósito de atraer a la gente y darse a conocer, o aumentar los ingresos en determinados momentos puntuales. Pero visto desde una perspectiva comercial, es necesario pensar que cada seguidor de un artista o de un espectáculo puede convertirse en un cliente potencial real, y a su vez generar nuevos flujos de clientes una vez leales, porque nos recomendará a otros. Visto así, hay que tomar decisiones comerciales muy interesantes sobre el estilo de los espectáculos, más que sobre los nombres de los artistas y, obviamente, sobre el costo: de hecho, cada tipología podría tener un público diferente por disponibilidad económica o edad, y por lo tanto es interesante utilizar la organización de los eventos para planificar una estrategia de crecimiento en el tiempo destinada a formar un cierto tipo de cliente, afín a nuestro negocio, y no sólo utilizarlo como una simple "noche", con el fin de hacer una colección interesante. En estos casos, también es necesario reflexionar sobre las políticas y servicios de pago de entradas y los espacios accesorios para generar ingresos: la ubicación del área de alimentos, el área de bebidas, por ejemplo. A veces he visto en mi larga experiencia del local, conciertos completos llenos de gente, pero que el organizador no pudo convertir correctamente en ventas, por falta de organización, porque abrumado por el inesperado número de usuarios, por la incorrecta disposición de los puntos sensibles a unirse a la colección. Por lo tanto, es muy importante planificar algo que atraiga al público, estudiar qué tipo de público es entonces y cómo poder optimizar los ingresos dándoles el servicio principal y los accesorios, y todo ello con el fin de obtener a la vez un gran ingreso, pero también cultivar algo importante a lo largo del tiempo, que se multiplique, que aumente el valor de la empresa y de la marca.

- **- RECURSOS HUMANOS COMO FUENTE DE COMERCIALIZACIÓN:** todos hemos pasado por una zona de comercio y nos hemos encontrado con jóvenes que se acercan y nos ofrecen visitar un lugar de venta de productos: las clásicas relaciones públicas, las relaciones públicas, que promueven la tienda en la calle o en la forma más avanzada de la noche que organizan fiestas y eventos en discotecas, moviendo cantidades de gente y trayéndola a la tienda. El mínimo común denominador es "atraer la atención" y es la forma más conocida y extendida de marketing de recursos humanos. Obviamente, estos soportes tienen un costo y pueden ser más o menos válidos, dependiendo del período, las capacidades y lo que se quiera promocionar. Sin embargo, hay otros recursos humanos adecuados para promocionar una tienda que en cierto sentido podrían hacerlo sin aumentar los costes: los empleados. De hecho, los empleados son una de las fuentes naturales del marketing corporativo, ya que a menudo son "la imagen que habla al público" y, por lo tanto, son en todos los aspectos los sujetos que deben enviar mensajes absolutamente positivos y alineados con el estilo de la empresa en la que trabajan. Pensemos por un momento en lo que es una poderosa acción de marketing <<llevar un uniforme con el logo de la empresa >> para cada empleado. Crear uniformes de este tipo, al principio, parece ser un coste evitable, pero al final es una operación de marketing muy avanzada porque los clientes muestran constantemente el logo de la empresa y queda grabado en la mente, y la gente que pasa (piense en el ejemplo de un paseo marítimo) ve el logo, quizás la sonrisa de los que representan la empresa, y se acuerdan y quizás se sienten atraídos a probar la experiencia. Luego pensamos en el "boca a boca" y en las amistades de los propios empleados: estas latas, con su buen hacer, hacen que una empresa tenga la sabia clientela constante, que es fiel al trabajo bien hecho de quien realiza el esfuerzo en la tienda. Por el contrario, es evidente que esto puede afectar negativamente cuando se tienen empleados desmotivados o incluso incapaces. Así también la selección de los recursos humanos, por sexo, edad, capacidad, actitud, puede ser una importante elección de marketing porque produce consecuencias directas de trabajo e indirectas desde el punto de vista de la comunicación que a la larga afectan a los ingresos de la tienda. Siempre ha existido el viejo sistema de equilibrio entre empleado y trabajador, y a veces uno u otro se queja de la otra parte: encontrar el equilibrio perfecto es una acción de planificación empresarial difícil, pero necesaria: por lo tanto, se necesita flexibilidad por ambas partes, para un único propósito común, que es el del bien empresarial. De hecho, ambos cuando las cosas van bien tienen " ganancias". Si en cambio van mal, probablemente todo el mundo tiene que perder. Nunca menospreciamos este tipo de comercialización, porque es fundamental, y sobre todo un buen empleado lo aplica naturalmente sólo por hacer bien su trabajo, por lo que no es en absoluto un costo adicional. (Un mal empleado, por el contrario, genera pérdidas y problemas).

<<Da igual que tomes las mejores fotos o vídeos si nadie los consigue ver>> LV

Capítulo 5: El mejor agente inmobiliario para inversiones comerciales: bienes raíces y activos

En cuanto a este estudio, debo señalar una distinción muy radical: en el campo de las propiedades comerciales, entendidas como terrenos, tiendas, hoteles, centros comerciales, donde se vende el "contenedor vacío", hay muy buenos y renombrados agentes inmobiliarios, que tal vez, con las diferencias del caso, son también los mismos que se ocupan de las propiedades residenciales. Las reglas cambian, pero la esencia es la misma y normalmente se encuentran agencias inmobiliarias bien organizadas y estructuradas que pueden ofrecer un servicio de calidad.

En cuanto a las actividades comerciales, tengo que hacer una clara distinción y decir que << no todos los agentes inmobiliarios saben manejar correctamente la "venta de actividades comerciales>>". Esto se debe a que, aparte de las características comunes y estándar que debe tener un agente inmobiliario, debe tener habilidades adicionales y específicas, que describiremos con un párrafo especial. La ausencia de estos conocimientos (o experiencia en este campo específico) permite frenar la venta de la actividad comercial sin saberlo. Un error, incluso a nivel de pura información, puede hacer que se pierda un cliente y se venda. Debemos tratar todo con absoluta delicadeza, porque muchas veces debemos tratar de hacer "ventas de actividades" con la empresa en pleno funcionamiento, y necesitamos una privacidad absoluta, para no comprometer el valor del fondo comercial y socavar la tranquilidad de los empleados:

Es evidente que poder vender algo que ni siquiera se puede promocionar demasiado, es una tarea muy difícil y para ello se necesitan procedimientos específicos y precauciones especiales, que van más allá de la promoción inmobiliaria ordinaria: se trata de un producto específico, que como tal debe ser tratado en su particularidad y delicadeza.

LAS FUNCIONES PROFESIONALES

"Un buen agente inmobiliario puede evitar ciertos errores a la hora de comprar una casa, enseñando a darle el valor correcto en función de las acciones a realizar, la posición y las oportunidades de mercado". En cuanto a los inmuebles comerciales, puede hacer lo mismo cuando está acostumbrado a trabajar y tratar con empresarios y tiene una mente abierta para entender sus necesidades.

También dijimos que a los compradores les encanta confiar en la agencia porque les ofrece un servicio prácticamente gratuito, un control y la posibilidad de comprender exactamente qué casa están buscando: esto significa que en lo que respecta a la propiedad "física", el sistema y los profesionales tradicionales están completamente a la altura y deben tener los mismos requisitos que se exigen al mejor agente inmobiliario del sector residencial, que resumiremos a continuación.

"Entonces, ¿por qué un vendedor normalmente es tan reacio a confiar en cualquier profesional, en cualquier campo que opere? La respuesta es muy simple: un poco por los propios vendedores (y lamentablemente a veces por los propios profesionales). Los vendedores, en general, quieren todo e inmediatamente en sus condiciones sin tener que pagar nada: les gustaría tener el servicio, tener el cliente, pero nunca querrían tener limitaciones y tal vez ni siquiera querrían pagar la comisión adecuada: se sienten víctimas del sistema. A veces el profesional, lamentablemente por su parte, no siempre está a la altura: como en todas las profesiones hay quienes se destacan por su integridad, dedicación y aptitudes que les permiten producir resultados y un buen trabajo, y en cambio hay muchos que lo hacen como un segundo trabajo o que no tienen una estructura o preparación adecuada: ciertamente no siempre es fácil distinguir uno de otro, sin embargo, por ejemplo en los Estados Unidos, donde no hay venta de particular a particular porque todos compran sólo con la agencia, hay verdaderas entrevistas con 5-10 agentes antes de confiarle la propiedad. En el campo de los bienes raíces comerciales, en cambio, en lugar de tener una elección de agentes, es necesario poder encontrar algunos agentes tal vez especializados en este ramo, si se quiere tener un servicio extra ".

Las principales características profesionales del mejor agente inmobiliario en general son:

- **Estudio y entrenamiento:** "En algunos países se requieren más, en otros menos, habilidades adquiridas a través de los estudios y la práctica. Confiar en un agente inmobiliario con una cualificación garantiza un determinado método o una determinada formación y conocimientos que una persona improvisada no puede tener".

- **Conocimientos especializados en su sector:** "parece obvio, pero en la práctica no lo es tanto. Un buen agente inmobiliario necesita conocer sus productos y cómo tratarlos. Debe conocer la dinámica del mercado para anticiparse a los tiempos. Debe conocer los procedimientos y las etapas de una negociación de principio a fin. Debe conocer las regulaciones y todo lo que pueda estar relacionado con la propiedad".

En el campo de las inversiones comerciales, estas habilidades deben ser aún más pronunciadas, ya que casi siempre se da por sentado que hay que tomar medidas para restaurar la propiedad o establecer un negocio y por lo tanto es esencial saber qué es lícito hacer y qué no, según el tipo de propiedad o negocio que se esté planeando. Informar incorrectamente en esta etapa puede ralentizar considerablemente la operación o perjudicar su éxito: atención, nadie dice que se tome como "oro" la información que proporciona el agente inmobiliario: el inversor se encargará de compararla y verificarla en las instancias oficiales correspondientes, pero seguramente el profesional puede dar una idea general y una perspectiva de la buena voluntad de la operación. En cambio, debe tener cuidado de no crear falsas expectativas, tanto para hacer un trabajo correcto, como para ganarse la confianza del inversor, que durante la fase de control encontrará la confirmación de lo que se había previsto y, por lo tanto, comprenderá el valor de colaborar con su agente.Specializations:

"Normalmente los mejores agentes inmobiliarios tienen su nicho o área favorita. En segundo lugar, pueden extender su sistema y contactos en un área mucho más grande, pero siempre hay un tipo básico. Otras especializaciones pueden ser, por ejemplo, la preferencia de trabajar para un turista, más que para un residente, en el área de las inmobiliarias, lo que es muy diferente a trabajar por ejemplo en el sector de la propiedad comercial o incluso poder ser intermediarios para comprar y vender actividades comerciales (por ejemplo, licencias de bares y restaurantes en lugar de estudios profesionales, etc. ...) ". En mi próximo libro, por ejemplo, también se hará un análisis a fondo del sector de la inversión comercial porque es un campo aún más complicado que merece un debate aparte. Es evidente que el hecho de tener tales especializaciones técnicas debería hacernos comprender la importancia que puede tener un agente X para un agente Y, que no tiene este tipo de formación o habilidades.

En este libro es evidente que hemos destacado las cualidades complementarias que pueden hacer que un agente común se convierta en un experto del sector, tanto en el ámbito inmobiliario, como sobre todo en las actividades comerciales. En este sentido, me enorgullece recordar que he creado un curso especial para profesionales inmobiliarios, que trata el tema de la " intermediación comercial ", con consejos legales y reglamentarios, pero sobre todo orientado a optimizar las ventas de las actividades comerciales más conocidas y comunes que realizan diariamente: la venta de bares, restaurantes, discotecas, hoteles. A través de esto, que es el ejemplo más popular de "empresa montada en un inmueble comercial", se pretendía hacer comprender el proceso de venta, las normas, los secretos de un profesional experto en esta rama particular del sector;

nociones también sobre el nicho de referencia y procedimientos para evitar inconvenientes y problemas al trabajar con este producto. El curso en vídeo se denomina "la venta de activos, una historia real", y hay seis lecciones de orientación práctica para optimizar las habilidades y las ventas de un agente inmobiliario, en este sector en particular.

- **Marketing del siglo XXI:** "El uso de los medios sociales es muy importante, además del trabajo tradicional en los portales inmobiliarios, pero esto no significa sólo poner tu anuncio en tu facebook, donde sólo unos pocos amigos lo verán. "En facebook está el mundo entero", pero hay que preparar los anuncios pagados de cierta manera y lo mismo ocurre con instagram y cualquier otra aplicación, incluyendo los vídeos en youtube: ¿has visto alguna vez en youtube vídeos maravillosos a los que llegas por casualidad y que sólo tienen 30 vistas? No importa si tomas las mejores fotos o los mejores videos si nadie los ve! El buen profesional de hoy en día sabe cómo utilizar estos medios para llegar a más gente".

En el campo de la inmobiliaria comercial, aparte de esto hay todo lo que no se dice, es decir, un sistema de relaciones que hay que crear y cultivar, que llevan, a veces de forma totalmente aleatoria, a tener información "de primera mano": ocasiones particulares que todavía no se comercializan, o que se venden confidencialmente sin anunciarse (una de las cosas más importantes que enseño durante el curso es, por ejemplo, cómo vender algo publicando con la máxima discreción y cómo comportarse en este caso concreto), o rumores de próximos cambios urbanísticos que, por lo tanto, afectarán a la vida de las tiendas del barrio, más que a un cambio de legislación. Por lo tanto, es necesario estar informado, tanto sobre la obra tradicional como sobre todo el mundo complementario que gira en torno a ella, para estar siempre un paso por delante y poder asesorar al cliente, así como asegurarse de llegar primero y obtener así resultados importantes.

- **Estructuración, organización:** es bien sabido que más de la mitad de las ventas inmobiliarias se realizan por contacto, es decir, por contacto directo con un cliente o un conocido de su cartera (o compartido con otra agencia que trae su propio cliente). Antes no existían redes, mientras que hoy en día existen acuerdos y colaboraciones entre agencias que permiten ofrecer el mejor servicio a su cliente de ventas. En el sector de los negocios, el problema es que no todos los agentes inmobiliarios tienen esta formación de 360 grados que se mencionó anteriormente.

Por lo tanto, es igualmente importante entrar en el sistema de intercambio y de conexiones en red (porque se puede obtener una mayor visibilidad), pero solo en un sistema instalado para propiedades residenciales, no satisface todas las necesidades de una empresa que quiere invertir o necesita rendirse. Aquí sólo se puede suministrar la preparación personal de algún agente inmobiliario con una formación especial que utilice sus habilidades y experiencia personal, combinándolas con las herramientas técnicas puestas a disposición por su agencia.

- También existe la mala costumbre común en los propietarios de aplicar el " hazlo tú mismo " incluso en este caso, pero no suelen tener en cuenta la competencia de los otros negocios en venta. A menudo tratan a su empresa como si fuera el único producto del mercado, olvidando que sin poder controlar la oferta global, el posible comprador a menudo se sentirá atraído por ver otras realidades por su cuenta: en este caso, hará comparaciones sólo en base a su percepción personal, asumiendo que un propietario exagera su empresa a menudo, ocultando sus defectos. El comprador puede sentirse a menudo "perdido" y desistir de las operaciones si no dispone de una "guía", que le presente también otras realidades y empresas: necesita discutir sistemáticamente los puntos fuertes y débiles de cada una y a menudo llega a través del diálogo, la comparación y la discusión para mejorar la empresa en cuestión al principio. Así pues, hay que tener cuidado, porque si por un lado es cierto que no todos los agentes inmobiliarios tienen el mismo impacto en una operación comercial, es igualmente cierto que aún menos tendemos a cerrar las operaciones de particulares y privados sin ayuda profesional. Y si como propietarios esperan que el contable del comprador respalde las elecciones de su cliente sin detenerlo, son muy inexpertos: sepan que incluso los mejores negocios se consideran arriesgados y sin éxito cuando se consideran sólo las leyes de presupuesto, y el resultado y "que a menudo el contable asusta tanto a su cliente que se olvida de la parte comercial y se da por vencido". El contador es una parte fundamental de una operación de este tipo, pero como técnico sólo debe entrar en la fase técnica de la negociación: en la fase de elección, oportunidad de mercado y elección dentro de un sector, debe ser el buen profesional inmobiliario el que tenga las habilidades para dirigirse al cliente. El contador ratificará entonces todos los detalles una vez que haya una negociación oficial en marcha. Por eso también es importante adquirir un cierto número de propiedades (en este caso activos), para tener una oferta variada que presentar a los inversores; los bienes inmuebles también deben tener la información correcta y la experiencia suficiente para distinguir la buena tienda de la "mala", sabiendo exactamente qué condiciones de mercado y de oferta debe ofrecer el producto (es innecesario), si una empresa es fantástica, para no perder credibilidad y en cualquier caso darle la oportunidad de ser comprada por lo que es): se ve, en efecto, que ciertas empresas respetan ciertos criterios y valores de mercado y un empresario decide invertir en una tienda en términos concretos: puede que no le interese, tal vez por su ubicación o sus límites técnicos, o puede que le interese pero no al precio que el propietario había pensado: será entonces el buen profesional inmobiliario el que tendrá que encontrar la cúspide del círculo y pactarlas.

- **Lenguas extranjeras:** "En el mundo globalizado y especialmente en las grandes ciudades y zonas turísticas, ¿cómo puede pensar en hacer lo mejor para su hogar si no sabe cómo llegar o no puede relacionarse con un cliente extranjero? Recuerde también que para cuestiones de confianza (trabaja en un país extranjero con reglas diferentes a las que conoce) es un perfil de cliente al que puede prestar aún más servicio y atención, porque querrá sentirse lo más seguro posible y buscará atención especializada de terceros". En los negocios esto se acentúa aún más, porque sucederá muy frecuentemente que uno de los vendedores o compradores sea extranjero, y desgraciadamente no podemos "salirnos con la nuestra" como en el sector residencial, donde no hay demasiados detalles que discutir, en general: aquí hay que hablar más bien de balances, cifras, problemas, reglamentos, etc., por lo que si no se quiere que la operación se salga de control, o pasar el control de la operación a un tercero que se desenvuelva en los distintos idiomas, hay que estar preparado también desde este punto de vista.

- **Nociones legales o reglamentarias**: "la mayoría de las veces, un propietario sabe poco sobre las características oficiales de su vivienda, en los documentos, o en todo caso no sabe exactamente cómo funcionan las cosas desde el punto de vista administrativo y teme la posibilidad de que en realidad no sean viables, o minimicen ciertos aspectos que son esenciales". Ya hemos explicado lo fundamental que es en el sector comercial no equivocarse en este sentido.

- **Capacidad para negociar y cerrar una negociación:** "Quisiera decir que, incluso entre los agentes inmobiliarios, que se forman y cierran cientos de tratos, algunos están más preparados (y con menos talento) con estas habilidades: por no hablar del hecho de que para un principiante es poco importante la capacidad de argumentar el valor de una propiedad, con información y datos que no sólo son significativos para esa propiedad, sino que representan un aspecto más amplio del entorno".

Se da por entendido que un empresario piensa que representa a su "criatura", desde un punto de vista no demasiado objetivo: "Entonces, ¿por qué está vendiendo? ". Es mejor estar preparado para responder a esta pregunta porque será la primera que un inversor le hará después de escuchar las cualidades especiales de la empresa en venta. Y las excusas clásicas no serán válidas cuando alguien demuestre que está agotado o que no tiene sentido: nadie se cansa de ganar dinero, y un comprador lo sabe; muchas veces incluso conoce la verdadera motivación de la venta, pero en el juego de las partes está poniendo a prueba al vendedor. La verdad es que la mayoría de las empresas venden por necesidad o por deseo de capitalizar, y son dos razones completamente opuestas, que en el mercado determinan un valor absolutamente diferente de ese negocio. En un estado de necesidad, al vender, no se puede pensar en salir "con ganancias muy altas", mientras que por otro lado un comprador no puede ni siquiera pensar en comprar una actividad que es notoriamente buena y que se vende sólo con el propósito de "realizar" la inversión. Hay que hacer un estudio adecuado y estas evaluaciones pueden ser sugeridas por un buen profesional preparado porque conociendo el tema, puede entender si una empresa es buena o no y, en la fase de cobro, ya debería haber hablado claramente con el propietario. Sin embargo, en la fase de negociación, cuando las cosas estaban claras y se midieron con el valor real de la empresa, hay que ser capaz de aclarar con el comprador y defender los puntos fuertes de la empresa.

Si en el ámbito residencial es cierto que la comparación entre varias propiedades funciona muy bien, es cierto que en el sector comercial, esto viene en segundo lugar porque las empresas a menudo no son en absoluto similares, debido a las diferencias de costos, ubicación y estructura. La experiencia vuelve entonces como un factor clave en la negociación: "un experto sabe cuándo es el momento de estirar la cuerda o el momento de flexibilizar las ideas; sabe cómo pasar los momentos de conflicto y volver con nuevos argumentos para afrontar los motivos de la discusión". Pero sobre todo, será necesario apelar al conocimiento técnico del presupuesto y a la evaluación real de la actividad: será necesario poder argumentar y defender lo que hemos esbozado anteriormente "conocimientos necesarios para crear una empresa"; en la práctica, será necesario poder dar un valor correcto y separado a la maquinaria, al fondo de comercio, a la bondad de los contratos existentes, a la posición, a las licencias, al saber hacer y a la marca, para que el comprador vea que el precio es el resultado de un razonamiento y de valores concretos y no es un "precio fijo lanzado al azar", basado en lo que el propietario quería cobrar por la venta. A los propietarios que, en cambio, operan según este último sistema, por lo que evalúan sus actividades en función de lo que han gastado, o de lo que les gustaría recuperar, sólo puedo decirles que el mejor negociador del mundo no podría ayudarles a vender algo que no tiene un valor probado y acorde, y ciertamente con un precio fuera del mercado, ni siquiera venderán por su cuenta, y sólo perderán un tiempo precioso. Sería una "burla" y puedo decir con seguridad que como profesional nunca me burlo personalmente de mis clientes, y sobre todo no soy un mago y no convierto el bronce en oro: el inversor, por muy inexperto que sea, no es un tonto: debe estar absolutamente contrariado cuando ofrece un valor muy inferior al del mercado, para intentar arrebatar un precio, pero debe estar absolutamente protegido y asesorado en la negociación cuando un activo o una propiedad está fuera del precio de mercado. Recuerda un lema muy significativo, que es aún más importante en el sector inmobiliario comercial: "la venta se celebra sólo cuando hay un equilibrio entre la oferta y la demanda", y esto es lo que el buen agente inmobiliario debe investigar y promover, es decir, que todos tengan un interés común y equilibrado.

CARACTERÍSTICAS PERSONALES

Además de los aspectos puramente técnicos, existe también un aspecto humano que no debe ser subestimado. De hecho, además de estar muy preparado, el mejor profesional debe saber poner estas habilidades al servicio de los clientes para encontrar siempre un equilibrio entre el vendedor y el comprador, y esto no es posible si el profesional no tiene unas características personales únicas de empatía y comunicación, que le permitan transformar los aspectos técnicos en la capacidad de aportar soluciones, demostrar que es proactivo y capacidad de adaptación a los problemas para conseguir los objetivos marcados.

- La humanidad: "es necesario saber cómo entrar en el problema del cliente y solicitar y comprender sus necesidades reales para poder ayudarle realmente. Es difícil porque, muchas veces, el cliente esconde este tipo de información porque no muestra confianza en ella, pero con paciencia hay que ganarse su credibilidad y acercarse más". El buen profesional debe tener esta habilidad para cambiar de rumbo y adaptarse".

En las empresas es aún más difícil: casi nadie admite que el negocio no tiene los ingresos esperados y se vende por razones de necesidad: si por un lado es comprensible mantener una cierta postura ante un posible despilfarro para los inversores, por otro lado se complica el trabajo del agente inmobiliario: si le das información incorrecta o distorsionada, perderá mucho tiempo y puede que no se dé cuenta del estado real de urgencia, y aplicará políticas de negociación muy estrictas sobre las indicaciones que se le den. En cambio, hay que decirle a su agente cómo son exactamente, para que esté preparado incluso cuando llegue alguna pregunta incómoda; la oportunidad para ello es darle las herramientas para "defender" el negocio, admitiendo los puntos débiles, pero destacando los fuertes con credibilidad y firmeza. Por esta razón, se necesita una sensibilidad particular en la relación entre el vendedor y el cliente, en el intento de entrar en confianza y ser veraz en la situación real y así poder ayudarse mutuamente.

- No seas un "hombre de sí": "el mejor agente inmobiliario debe aprender a decir no". Diga no, cuando el valor de una casa está fuera del mercado; no, cuando un cliente quiere seguir su propio camino a veces en contra de su propio interés; no, cuando usted quiere forzarlo a un sistema de trabajo diferente al que normalmente usa y sabe que funciona; no, cuando usted cambia los acordes en curso o cuando tiene puntos de vista completamente equivocados. Demasiadas veces se acepta todo y está claro que quien no sepa negociar con un propietario difícilmente podrá ser un buen negociador incluso con un comprador".

En el sector comercial vale el doble. Hay ciertas actividades que no tienen los adornos para ser revendidas: no tienen ninguna oportunidad o posibilidad, porque están mal estructuradas o porque el propietario insiste en darles un valor exagerado, o porque simplemente no hay demanda de ese tipo: en estos casos el mejor valor real El agente inmobiliario no puede resolver o cambiar la situación, como ningún otro, y es bueno aprender a fijarse en estos detalles durante la fase de evaluación y captación, para no perder el tiempo y ni siquiera perderlo para el vendedor: las actividades no son, de hecho, un bien que pueda esperar a ser vendido. Son verdaderas inversiones y cuando no son productivas son verdaderas deudas, por lo que el tiempo no es secundario.

Embarcarse en una comercialización que no mantiene una salida es perjudicial tanto para el profesional como para el propietario.

- Anticiparse a los tiempos: " tienes que ser inconforme si quieres anticiparte a la competencia y a los tiempos. La economía cambia y a nadie le gustan los cambios, sobre todo cuando son peores: recuerdo que personalmente anticipé una nueva crisis en el mundo inmobiliario en diciembre de 2019 y mucho antes de que se supiera lo de la covid-19: hoy todo el mundo tiene claro que, lamentablemente, mis predicciones no se habían difundido en todo el ámbito, debido a este virus que perturbó completamente nuestras vidas y nuestra economía; ¿pero sobre qué base había afirmado en mis análisis que habría una recesión inmobiliaria en 2020? Había identificado a Brexit, el relanzamiento de Oriente Medio, la crisis de las casas de vacaciones y la alteración física de los ciclos económicos como las causas de un declive próximo e inevitable: lo que entonces ocurrió con el virus no hizo más que acelerar un proceso que ya estaba en marcha y que yo había visto muy claramente antes que otros". Hablando de empresas, este concepto se amplía porque la recesión será importante y pesada. Habrá menos liquidez, muchas cerrarán en los próximos meses y muy pocas tendrán la fuerza para abrirse. No se puede dejar de dar un paso e incluso aquellos que tendrán fondos y querrán tomar tendrán el camino cuesta arriba al principio: sí, una vez en el mercado habrá menos competencia quizás, pero habrá que entender primero cómo moverse y actuar, y siempre es mejor mantener al lado a alguien que tenga una visión y entienda cómo se mueven las cosas con anticipación.

- Encontrar soluciones: "Encontrar soluciones es algo muy personal, como involucrarse mucho en un problema, hasta encontrar una idea clara o una forma práctica de resolverlo. Muchas veces se trata de burocracia, que puede paralizar una operación y a la que un profesional siempre trata de encontrar formas alternativas de resolver, o también puede tratarse de aspectos más técnicos como la transformación o distribución de un entorno, en lugar del contacto de algún técnico para entender y resolver cualquier problema que se produzca".

No es secundario conocer también las nociones de renovaciones en lo que se refiere a la venta de una casa (o de una actividad comercial), también porque si no es útil para el vendedor, puede ser útil para un posible comprador mostrarle o imaginar cómo podría ser la casa de sus sueños con sólo unos pequeños retoques.

- Comunicación clara con el cliente: "no tener la personalidad para decir ciertas cosas claramente a tu cliente puede ser uno de los aspectos más negativos de todos los tiempos". En cuanto a la venta de negocios, debes ser muy claro con tu cliente de ventas y discutir con él lo que podría pasar si tiene éxito o no puede vender. Siempre hay opciones y es bueno conocer el tema para poder prepararse junto con su cliente.
- Disponibilidad: "no contestes rápidamente el teléfono, no devuelvas las llamadas, no te mantengas en contacto, siempre son malos síntomas".
- Carisma, empatía, forma de hacer: "son cualidades que pueden parecer insignificantes pero que sin duda son el factor de conversión más poderoso en las ventas, porque son cualidades destinadas a crear una relación personal con las personas". El buen agente inmobiliario

es el que consigue que todo parezca natural y lleva el tema a un lecho muy personalizado y estrecho, con confianza, tranquilidad incluso en los momentos más críticos de las distintas fases de una negociación".

En el sector empresarial, también es importante demostrar que se conoce perfectamente ese entorno y que se sabe cómo moverse, tanto por el conocimiento técnico, como por el conocimiento de parte de los clientes o el conocimiento común. En este campo, a diferencia del residencial, me gusta bromear y decir que más que empatía se necesita disgusto: Digo esto porque "con una sonrisa vendes casas, pero con escrituras vendes empresas"; es mucho mejor ser eficaz, directo y claro, porque el tipo de cliente con el que tratas cambia. Salvo excepciones, la mayoría de nosotros tratamos con vendedores y compradores, es decir, con empresarios que no están ahí para divertirse, sino para hacer negocios: hablan de dinero, de la posibilidad de ganar o perder. En apariencia, las relaciones son aún más amigables que entre particulares, porque los actores en cuestión "saben hacer bien su papel", pero en realidad tienen manos firmes y no cederán ni un ápice para romper las mejores condiciones y, por lo tanto, poder llevar a buen término una negociación de este tipo es siempre muy complicado. En promedio, están más acostumbrados a negociar, pero precisamente por eso si por un lado simplifican el acuerdo en general, llegando incluso a sorprender por la sencillez con que se llega, les aseguro que la fase de "definición de los detalles" es siempre larga y difícil, y por lo tanto también una negociación que parece fácil, siempre se duplica con el tiempo y las dificultades.

BIENES RAÍCES COMERCIALES Y ECONOMÍA: EL CONCEPTO DE TIEMPO

Creo que es importante profundizar en el concepto de tiempo en el sector inmobiliario comercial, porque dije que es una de las cosas más importantes a tener en cuenta. El tiempo puede significar el momento adecuado, el ciclo comercial correcto, para trabajar con una empresa, o para comprarla o venderla; en un negocio, el momento adecuado lo es todo porque es la herramienta a través de la cual uno se redime, o para salir de los problemas en lugar de reevaluarse. Comprar en el momento equivocado puede ser perjudicial y vender en el momento adecuado puede ser un ganador, incluso si no se tiene el mejor producto: son ejemplos límite, pero indican que "ir en el tiempo" no es algo secundario: incluso en la música, por ejemplo, el tiempo lo es todo: la melodía más perfecta tocada fuera del tiempo tiene contornos grotescos. Incluso la aplicación del concepto "demasiado rápido o demasiado lento" es válida en la música más que en el empresariado: está fuera del tiempo en ambos casos. Hay que invertir, planificando y contando con los mejores profesionales. Y luego hay que concretar y captar. La vida de una empresa está marcada por acciones de actualidad y momentos en el tiempo.

Quien se equivoque "a tiempo" en la actividad comercial probablemente cobrará menos de lo esperado, porque esta variable en el mercado residencial es menos contundente, pero aquí es crucial. La economía está sujeta a variaciones cambiantes y periódicas, lo que significa que durante los ciclos anuales está destinada a subir y bajar inevitablemente. Si pudiéramos elegir cuándo emprender, la elección correcta sería, obviamente, organizarnos y estar listos para salir en los momentos de recesión: ser los primeros en comenzar justo antes de que el ciclo cambie, ser los más fuertes después, cuando nos encontremos recuperándonos y siendo líderes del mercado.

¿Y después? El gran inversor sabe anticiparse a los tiempos, y por lo tanto vendería cuando el negocio esté en la cima, tal vez después de que le permitiera invertir comprando la propiedad donde la ejerció: en este caso podría aprovechar los ingresos, a través de la venta de la misma y también de los insumos del alquiler de la propiedad, estando en la condición de haber montado un "negocio pasivo" que seguirá caminando por sí mismo produciendo una renta vitalicia, y una vez que la compra de la propiedad se haya amortizado, produciendo ganancias reales (totalmente pasivas).

<<Las actividades comerciales son un arte para poder

construir y cultivar>> LV

Capítulo 6: CONCLUSIONES

En nuestro análisis hemos tratado todos los aspectos relativos a las inversiones residenciales y comerciales, prestando especial atención en este último caso a las actividades comerciales y a la categoría que más las representa en términos de difusión y popularidad, a saber, el sector de la alimentación y las bebidas y el sector de los ingresos.

Así pues, hablamos del inversor y de todo lo que necesita saber para comprar bien y construir un negocio que sea rentable y que pueda proporcionarle ingresos a lo largo del tiempo, diferenciando las inversiones inciertas de las más seguras.

A lo largo de este proceso, quisimos destacar la importancia de la planificación, de la aplicación seria y dedicada al sistema empresarial, llevada a cabo de forma espontánea, pero inspirada en buenas ideas, apoyada en hechos y acciones profesionales, con el fin de aumentar la fuerza y la utilidad del mismo. Definimos entonces claramente el hazlo tú mismo, entendido como improvisación, un intento de salvar o desordenar, como un elemento muy extendido, pero muy perjudicial ya que a largo plazo no permite sentar las bases de un trabajo estable y rentable, dando sólo unos pocos beneficios de forma inmediata y, por el contrario, generando a menudo una serie de problemas e incertidumbres que llevan a la empresa a ganar menos de lo esperado.

Por el contrario, hemos promovido la acción de unos pocos pero buenos profesionales de las distintas profesiones: es fundamental diferenciar los realmente valiosos de los mediocres, pero una vez hecho esto, hemos motivado cuáles son los valores importantes que deben tener estas figuras profesionales y, sobre todo, hemos hecho un retrato de cómo un inversor puede reconocerlos y evaluarlos y de los conocimientos que deben tener.

Porque, no olvidemos que el objetivo común de todo este camino es el del activo de la empresa y la optimización de la inversión, de manera que hay que saber reconocer la inversión adecuada, ser capaz de tomarla, organizar un sistema que sea rentable y conseguir vender: se requieren, por tanto, muchas especializaciones para un trabajo muy largo, laborioso y complejo, que si se desarrolla sin problemas en cualquiera de estas fases, se convierte en menos rentable de lo esperado, incluso hasta el punto de ser una inversión negativa. En este sentido, encontramos al final, la verdadera diferencia entre el "hágalo usted mismo" y un sistema de apoyo profesional para un inversor: siempre que ambas situaciones pueden llevar al éxito o al fracaso, según el caso, lo que es cierto es que un autodenominado especialista en la materia que "se organiza a sí mismo" sólo puede llegar hasta cierto punto; pero un empresario con visión y organización, que sabe cómo hacer uso de sus conocimientos, y donde quiere optimizar sus ingresos, con la ayuda de un asesoramiento profesional válido, siempre tiene un instrumento adicional, así como un indicador de referencia. En efecto, yo diría que éste es precisamente el punto: podrá expresar una capacidad de acción claramente más selectiva y más amplia, y sin duda alcanzará los objetivos que se había fijado y tal vez incluso vaya más allá.

<<Nadie gana...,

mas bien TODOS GANAN en mis negociaciones>> LV

Información del autor

Lucas - Luca Vismara. Nació en Italia, donde completó estudios técnicos humanísticos y desarrolló fuertes habilidades artísticas, antes de graduarse en "Economía de la innovación y el desarrollo de los recursos humanos"; empresario a la edad de 23 años en el sector de la restauración, se convierte en propietario y director de varios lugares con alimentos y bebidas & entretenimiento, organizando eventos y desarrollando muchas experiencias en el campo de la organización de eventos (home staging) aplicados a actividades comerciales y renovaciones de propiedades residenciales: primero viendo cómo trabajan los grandes empresarios de este sector, luego participando activamente en la remodelación de las mismas propiedades que administra y finalmente participando en cursos en línea dedicados al sector. Posteriormente entró en contacto con el mundo de la venta de actividades comerciales, extendiendo después esta capacidad en el sector inmobiliario residencial. Donde desarrolla habilidades no sólo en la venta, sino también en la reestructuración, ayudando a sus clientes en los distintos proyectos de las propiedades vendidas. La explosión del sector inmobiliario se produjo durante su experiencia internacional en España; es en las Islas Canarias donde opera en este sector, posicionándose rápidamente entre los profesionales más reconocidos y su área. En la actualidad, cuenta con una excelente habilidad de comunicación en diferentes idiomas (italiano, español, inglés) y se ocupa de la venta de inmuebles y de la asesoría en restauración y ambientación de viviendas tanto en el sector de la alimentación y el entretenimiento como en el de las inmobiliarias, expresando ideas innovadoras y diseños siempre a la moda. Autor de varios libros sobre el sector inmobiliario.

Si tienes una casa o un "lugar" para vender o comprar, y luego tal vez quieras restaurarla, ¡acabas de encontrar a la persona adecuada!

Www.lucavismara.es   Www.casas360.eu   Www.bares360.es

Luca Vismara

<<El agradecimiento por este libro va a mis padres,

que me han permitido una educación sin costo alguno y
me han ayudado en mis diferentes experiencias,

a mis colaboradores y a mis colegas de los que aprendo
continuamente>> LV